James Stuart Bell
Engel in Jeans
Überraschende Erlebnisse zwischen Himmel und Erde

James Stuart Bell

Engel in Jeans

Überraschende Erlebnisse
zwischen Himmel und Erde

Aus dem amerikanischen Englisch von Ulrike Chuchra

SCM

Stiftung Christliche Medien

Der SCM Verlag ist eine Gesellschaft der Stiftung Christliche Medien,
einer gemeinnützigen Stiftung, die sich für die Förderung und Verbreitung christlicher
Bücher, Zeitschriften, Filme und Musik einsetzt.

Bei den Geschichten in diesem Buch handelt es sich um Erlebnisberichte, bei denen
jedoch aus Datenschutzgründen einige Einzelheiten und Namen geändert wurden.
Dieses Buch soll dazu ermutigen, in jeder Lebenslage auf Gott zu vertrauen. Der Verlag
weist jedoch darauf hin, dass es bei gesundheitlichen Beschwerden immer wichtig ist,
ärztlichen Rat einzuholen.

© der deutschen Ausgabe 2015
SCM-Verlag GmbH & Co. KG · Max-Eyth-Straße 41 · 71088 Holzgerlingen
Internet: www.scmedien.de · E-Mail: info@scm-verlag.de

Copyright © 2014 by Whitestone Communications, Inc.
Originally published in English under the title: *Heaven Touching Earth*
by Bethany House, a division of Baker Publishing Group, Grand Rapids, Michigan,
49516, U.S.A. All rights reserved.

Soweit nicht anders angegeben, sind die Bibelverse folgender Ausgabe entnommen:
Neues Leben. Die Bibel, © der deutschen Ausgabe 2002 und 2006
SCM-Verlag GmbH & Co. KG, Witten.
Weiter wurde verwendet:
Elberfelder Bibel 2006, © 2006 by SCM-Verlag GmbH & Co. KG, Witten.

Übersetzung: Ulrike Chuchra
Umschlaggestaltung: Kathrin Spiegelberg, Weil im Schönbuch
Titelbild: shutterstock.com
Satz: Satz & Medien Wieser, Stolberg
Druck und Bindung: CPI books GmbH, Leck
Gedruckt in Deutschland
ISBN 978-3-7751-5663-9
Bestell-Nr. 395.663

*Für Tim Burt und Mark Reed,
zwei verloren geglaubte Freunde,
die durch Geschichten wie diese
wiedergefunden wurden*

Inhalt

Einführung

Es gibt Zeiten in unserem Leben, da scheinen Himmel und Erde sehr weit voneinander entfernt zu sein. Wenn wir mit Schwierigkeiten kämpfen, kommt uns der Himmel manchmal fern und unzugänglich vor, und es sieht so aus, als ob Gott unser Rufen nicht hört. In diesen Zeiten beneiden wir vielleicht die Menschen, die uns schon dorthin vorausgegangen sind, wo es keine Finsternis, keine Krankheit und kein Versagen mehr gibt. Wir sehnen uns nach der ewigen Ruhe, Freude und Glückseligkeit, die sie schon erleben, und nach der wunderbaren Vollkommenheit des Himmels, die wir uns überhaupt nicht vorstellen können.

Und doch ist das Himmelreich, wie Jesus sagt, mitten unter uns oder sogar in uns. Dadurch sind wiederum wir auf geheimnisvolle Weise mit ihm »eingesetzt im Himmel«. Obwohl wir es selten wahrnehmen oder ganz verstehen können, hat Jesus den Himmel auf die Erde gebracht und uns mit sich versöhnt, sodass die Grenzen zwischen Diesseits und Jenseits, die wir oft empfinden, in Wirklichkeit gar nicht bestehen.

Dieses Buch ist eine Sammlung von Erzählungen, in denen Himmel und Erde sich begegnen; es ist eine Fortsetzung meines Bandes *Der Engel kam barfuß*. Die Geschichten haben ähnliche Themen: Nahtoderfahrungen, Begegnungen mit Engeln, geistliche Kriegsführung, Wunder und andere Begebenheiten, für die es nur eine übernatürliche Erklärung geben kann.

Gott hat uns als Christen nicht versprochen, dass wir solche Erfahrungen machen werden, auch wenn wir noch so ein gutes Leben führen oder sie zu brauchen meinen, und wir sind keine schlechteren Christen, wenn wir so etwas noch nicht erlebt haben. Wir brauchen keine Zeichen und Wunder, um einen lebendigen, siegreichen Glauben zu haben. Gott gibt uns in Jesus alles, was wir brauchen, wir müssen ihm nur jeden Tag neu Raum geben. Doch aus geheimnisvollen Gründen, die ganz allein bei Gott liegen, offenbart er sich manchmal durch mächtige, übernatürliche Geschehnisse. Wenn sie weitererzählt werden, ermutigt das jeden von uns, denn Gott zeigt sich dadurch auf neue, spannende und persönliche Weise, so, wie es seiner Person und seinem Wesen entspricht.

Wenn Sie sich mit anderen Christen unterhalten, begegnen Sie vielleicht Menschen, die von ähnlichen übernatürlichen Erfahrungen berichten können, wie sie in diesem Buch geschildert werden. Irgendwann und irgendwo im Leben dieser Menschen hat Gott sich durch außergewöhnliche Ereignisse gezeigt, die zum Lob seiner Herrlichkeit dienen. Diese Leute wurden dadurch bereichert, vielleicht würden sie sogar sagen, dass ihr Leben danach nie wieder dasselbe war.

Gott schenkt diese Erfahrungen nicht, weil die Menschen in diesen Geschichten besonders geistlich wären. In diesem Buch finden Sie ganz normale Gläubige, die Gott bitten, sie in ihrem Leben zu begleiten, ihre Gebete zu erhören und für sie zu sorgen. Damit will ich nicht behaupten, dass einige der geschilderten Umstände nicht dramatisch und hoffnungslos wären. Doch man könnte sagen, dass Gott bei ganz normalen Menschen in ungewöhnlichen Situationen außergewöhnliche Taten vollbringt. Das soll Ihnen und mir neue Hoffnung geben. Nachdem wir diese Geschichten gelesen haben, rechnen wir vielleicht eher damit, dass auch wir in unserer irdischen Zeit eine himmlische Begegnung haben werden.

James Stuart Bell

Maureen und die Prophetin

George Ferrer

Die Bank schloss nachmittags um drei Uhr, und als Abteilungsleiter einer Firma musste ich noch eine Einzahlung machen. Der Blick auf die Uhr zeigte mir, dass ich sofort wegmusste, wenn ich es noch rechtzeitig zur Bank schaffen wollte. Hoffentlich waren wenigstens zwei der drei Ampeln grün. Ich hastete aus dem Büro. Unsere Eingangstür war fensterlos und aus massivem Holz, daher verließ ich das Gebäude normalerweise sehr vorsichtig für den Fall, dass gerade jemand außen an der Tür stand. Aber an jenem Tag hatte ich es eilig und hätte fast eine Frau in das Gebüsch neben unserem Eingang geschleudert.

Ich blieb erschrocken stehen.

Die Frau trat rückwärts in das Beet mit den Sträuchern. Ihre Pfennigabsätze sanken tief in die Erde ein, sie schwankte vor und zurück und ruderte mit den Armen, um nicht in die Büsche zu fallen.

Ich war verlegen und zugleich amüsiert; ihr schien es ebenso zu gehen. Sie war gut angezogen, trug lässige Geschäftskleidung, ihre Haare und ihr Make-up waren tadellos. Am Straßenrand parkte ihr europäischer Sportwagen.

»Bitte entschuldigen Sie«, sagte ich. Ich nahm an, sie sei zu einem Termin gekommen, der mir entfallen war. »Ich kann jetzt nicht dableiben. Wenn wir Ihnen irgendwie helfen können, wenden Sie sich bitte an Maureen.«

Sie starrte mich an.

»Was haben Sie gesagt?« Ihre Nachfrage klang heftig.

Jetzt war ich es, der das Gleichgewicht verlor – wenn auch nur innerlich. Ich überlegte mir, was ich gesagt und getan hatte. Hatte ich sie gekränkt, weil ich schnell wegmusste, oder war es ihr peinlich, dass ich sie ins Gebüsch geschubst hatte?

»Es tut mir leid, wenn ich Sie erschreckt habe«, erklärte ich. »Ich kann Ihnen im Moment nicht weiterhelfen, ich muss weg, aber Maureen ist im Büro und wird Ihnen behilflich sein.«

Sie trat wieder auf den geteerten Weg zum Büro und richtete sich schwungvoll auf.

»Ich bin nur hier, um die Toilette zu benutzen«, sagte sie scheinbar ruhig.

Doch im nächsten Moment wurde sie wieder ganz aufgeregt.

»Haben Sie gerade gesagt, ich soll mit Maureen sprechen?« Sie schrie fast, so aufgewühlt war sie.

Langsam kam mir die Sache merkwürdig vor. Die Frau stand da, stocksteif, und erklärte: »Also gut, ich gehe und rede mit Maureen.« Mit raschen Schritten ging sie ins Bürogebäude.

Sie ist hübsch, aber verrückt, dachte ich, als ich in meinen Wagen sprang und mich mit heulendem Motor auf den Weg zur Bank machte. *Maureen bringt mich um, wenn ich wieder da bin. Zu einem Zeitpunkt, wo sie absolut nicht in der Stimmung ist, sich mit einer schwierigen Kundin auseinanderzusetzen, schicke ich ihr auch noch eine psychisch gestörte Person!*

Maureen war nicht in der Verfassung, sich mit schwierigen Kunden abzugeben, weil die Firma gerade ihre Abteilung geschlossen hatte und sie jetzt nur noch ein paar angefangene Aufgaben zu Ende brachte, bevor sie ging. Sie war intelligent und belastbar, konnte gut im Team arbeiten und war gleichzeitig eine hervorragende Abteilungsleiterin, die auch geschickt im Umgang mit Kunden war. Ich hatte mich darum bemüht, sie in meine Abteilung zu holen, aber der Antrag war abgelehnt worden. Dass sie gehen musste, machte Maureen sehr zu schaffen.

Als ich mit dem Einzahlungsbeleg von der Bank zum Büro zurückkam, war der europäische Sportwagen verschwunden.

Doch Maureen, diese starke und belastbare Frau, saß in einem Hinterzimmer und weinte.

»Bist du es, George?«, fragte Maureen, als ich um die Theke bog, die die Eingangshalle vom Bereich der Kundenbetreuung abtrennte. Sie fügte hinzu: »Hast du diese Frau zu mir geschickt?«

Ich hatte Maureen noch nie so gesehen. Ihr Make-up war verschmiert, ihre Haare durcheinander, sie hatte Tränen auf den Wangen und warf nur einen kurzen Blick in meine Richtung.

Ich bereitete mich innerlich auf einen emotionalen Ausbruch vor, aber sie verhielt sich ganz ruhig.

»Weißt du, was diese Frau zu mir gesagt hat?«

»Ich begegnete ihr an der Tür, als ich zur Bank musste. Sie wollte nur die Toilette benutzen, und ich war in Eile«, versuchte ich, zu erklären, aber Maureen hörte mir gar nicht zu.

»Als sie aus der Toilette kam, fragte sie, ob ich Maureen sei. Ich bejahte dies, und sie erzählte, dass sie in Queens wohnt, ungefähr siebzig Kilometer entfernt, und jeden Morgen betet. Heute Morgen sagte der Herr zu ihr: ›Geh zu Maureen, und sage ihr, dass ich sie liebe und dass ich, der Herr, einen Plan für ihr Leben habe. Es werden sehr schwierige und schmerzhafte Zeiten auf sie zukommen, aber wenn sie mir vertraut, werde ich sie hindurchbegleiten.‹«

Die Frau – ich würde sie als Prophetin bezeichnen – hatte weiter berichtet, dass sie niemand mit Namen Maureen kannte. Das Einzige, was sie mit diesem Namen verband, war ein Lokal namens *Maureen's Kitchen* in der nächsten Stadt nach unserem Büro.

Ohne zu wissen, um wen es ging und wohin sie unterwegs war, verließ sie ihr Haus und fuhr Richtung *Maureen's Kitchen*. Dann musste sie zur Toilette. Sie hielt an unserem Gebäude an, stieß mit mir zusammen und erfuhr, dass es in diesem Büro eine Maureen gab.

Maureen weinte Tränen der Freude und der Umkehr zu Gott. Ich freute mich mit ihr, und es war mir wichtig, mit ihr in Kontakt zu bleiben und sie und ihre Familie in dieser schweren Zeit zu ermutigen. Wie die Prophetin gesagt hatte, erlebte Maureen viel Kummer und Schmerz, aber in alldem hatte sie den Herrn an ihrer Seite, und wir wurden Zeugen, wie Maureen sich mitten in den größten Schwierigkeiten mit ihrer Familie und ihrer Gemeinde versöhnte.

Ein Jahr, nachdem Maureen die Firma verlassen hatte, wurde ich an einen anderen Ort versetzt und stellte Maureen als Leiterin der Kundenbetreuung ein. Leider starb sie viel zu früh an Krebs.

15

Als ich zu Maureens Beerdigung ging, wurde mir bewusst, dass ihr irdischer Körper keine hundert Meter von der Stelle entfernt ruht, wo sie der Prophetin begegnet ist. Weil die Prophetin sich von Gott hat leiten lassen, lebt Maureen jetzt in der Ewigkeit bei dem Gott, der versprochen hat, sie zu begleiten.

Das Auto, das von allein fuhr

Martin Ziegner

Martin Luther King wurde am 4. April 1968, einem Donnerstagabend, erschossen. Die Unruhen, die in den nächsten paar Tagen in Chicago folgten, führten zu ausgedehnten Plünderungen, Schießereien und Bränden am südlichen und westlichen Stadtrand. Ich war damals ein zweiundzwanzigjähriger Student, der im nahe gelegenen nördlichen Teil von Chicago lebte. Ich hielt mich selbst für einen Christen – schließlich war ich in einer Familie aufgewachsen, die die christlichen Feste feierte und regelmäßig zur Kirche ging. Außerdem hatte ich eine christliche Highschool besucht, die die Welt unter dem Blickwinkel »WWJD« – Was würde Jesus tun? – betrachtete.

Als ich mit dem Studium begonnen hatte, war ich der Meinung gewesen, ich müsste auch andere religiöse Sichtweisen kennenlernen, und war dadurch immer mehr in den Zen-Buddhismus hineingeraten. 1968 stand ich kurz vor meinem Studienabschluss und hatte mittlerweile ganz die Denkweise und das Lebensgefühl dieser Zeit angenommen. In jener Woche war ich am Freitagabend mit Freunden unterwegs gewesen, und am Samstag war ich früh aufgestanden, um meinem Wochenendjob nachzugehen.

Beim Losfahren war mir das Ausmaß der Ausschreitungen in der Stadt noch nicht bewusst. Ich fuhr mit meinem Auto in westlicher Richtung auf der *Division Street*. Als ich mich der *LaSalle Street* näherte, sah ich, dass ungefähr zweihundert Meter vor mir die Straße mit Trümmern bedeckt war. Mehrere Feuer loderten auf der Straße, und etliche Menschen liefen schreiend umher und warfen mit Gegenständen. An einem Samstagvormittag war die Gegend um *Cabrini Green* normalerweise ruhig; ich hatte noch nie Schwierigkeiten beim Durchfahren gehabt. Aber an diesem Morgen ähnelte sie einem Kriegsgebiet!

Die Ampel an der *LaSalle Street* wurde rot, und während mein Auto langsam zum Stehen kam, überlegte ich, ob ich nach links oder nach rechts abbiegen sollte, um den Bereich vor mir zu umfahren. Dann sah ich einen kleinen schwarzen Jungen an der Ecke stehen, der allem Anschein nach ein Paket auf der rechten Schulter trug. Ich nahm an, er würde auf den Bus warten. Als er mich entdeckte, schrie er hässliche Dinge und rannte auf mein Auto zu. Ich musste feststellen, dass das Paket in Wirklichkeit ein Stück Beton in der Größe einer Bowlingkugel war. Beim Näherkommen schleuderte er den Beton in Richtung Windschutzscheibe. Die Zeit verlangsamte sich, bis sie nur noch zu kriechen schien. Während ich beobachtete, wie sich das Betonstück auf mein Gesicht zubewegte, konnte ich im Licht der Morgensonne die feine Struktur seiner Oberfläche erkennen. Ich spürte, wie mein Bewusstsein sich spaltete; der analytische Teil meines Gehirns wollte es mit der Situation aufnehmen und herausfinden, ob der Beton eine Sandmischung war oder ob er sich aus verschiedenen Partikeln zusammensetzte, und kam zu dem Schluss, dass es sich um eine Mischung von Partikeln handelte.

Warum glitzert die Oberfläche?, fragte ich mich als Nächstes. *Vielleicht ist Katzensilber enthalten. Nein, Moment, Katzensilber hat Gleitebenen. Das kann nicht stimmen. Vielleicht Quarz? Ja, es könnte Quarz sein.*

Meine analytische Seite war zufrieden, schließlich studierte ich Naturwissenschaften, um Zahnarzt zu werden. Meine emotionale Seite allerdings fühlte sich inzwischen an wie die Figur in Edvard Munchs Gemälde »Der Schrei«.

Als das Betonstück sich näherte, hörte ich eine leise, sehr ruhige Stimme sagen: »Du weißt, wenn dich das trifft, bist du tot!«

Ach ja, stimmt!, dachte ich und drückte das Gaspedal durch.

Das Auto schoss vorwärts, und das Betonstück krachte auf der Fahrerseite durch das hintere Fenster, sodass das Glas sich im ganzen Wageninneren verteilte. Automatisch fuhr ich geradewegs über die Kreuzung und dann die *Division Street* entlang, direkt in den

Strudel der Gewalt hinein, den ich hatte vermeiden wollen. Meine Reaktion war eine Schockstarre – meine Hände fielen vom Lenkrad in den Schoß, mein Fuß löste sich vom Gaspedal, und ich saß einfach nur da wie versteinert, mit weit aufgerissenen Augen. Ich konnte keinen einzigen Muskel rühren.

Mein Auto bewegte sich langsam weiter die Straße hinunter – ohne dass jemand es fuhr. Zu meiner Linken ging eine Frau auf dem Bürgersteig in die gleiche Richtung wie ich. Als ich auf ihrer Höhe war, drehte sie sich zur Seite und starrte in ein Schaufenster. Sie bemerkte meinen Wagen nicht.

In diesem Moment spürte ich, wie sich eine Art Gewicht auf meinem Auto niederließ. Es kam mir plötzlich so vor, als wäre über meinem Kopf nicht mehr so viel Platz wie noch kurz vorher. Aber es war nicht nur ein Gewicht. Ich empfand, da war jemand: Dieser Jemand fühlte sich lebendig an, geistig wach, klug, wie ein echtes Wesen, voller Liebe und ganz Herr der Lage, während ich nichts mehr unter Kontrolle hatte und mich nicht bewegen konnte. Niemand fuhr den Wagen, mein Fuß lag nicht auf dem Gaspedal.

Als das Auto über die verstreuten Trümmerteile fuhr, konnte ich hören, wie Glasflaschen zerbrachen; mir war bewusst, dass dies nicht gerade ein geeigneter Zeitpunkt für einen Platten wäre!

Rechts von mir kamen zwei Plünderer aus einem Geschäft gerannt. Sie trugen ein Sofa. Der, der das mir zugewandte Ende des Sofas hielt, rannte rückwärts, der Mann am anderen Ende ließ plötzlich das Möbelstück fallen und drehte sich schlagartig nach rechts. Er ging schreiend und gestikulierend zum Laden zurück. Auf mich reagierte keiner von beiden, obwohl mein Wagen nur ein paar Meter entfernt von ihnen vorbeirollte.

Die Straße war jetzt voller Schutt. Backsteine, Flaschen, Holzstücke, Müll. Nicht mehr weit entfernt tauchte vor mir eine Zweihundertlitertonne auf, in der ein Feuer brannte, das alles verzehrte, was hineingeworfen wurde. Mein Auto holperte über die Trümmer, das Lenkrad ruckelte wild hin und her, und ich war immer noch wie versteinert. Der Boden um den Wagen herum sah komisch aus. Damals besaß ich keine Worte, um das zu beschreiben; heute würde ich es pixelig nennen, etwa so, wie wenn ein Fernsehsignal nicht richtig entschlüsselt wird.

Große Angst befiel mich: Würde ich gegen die brennende Tonne stoßen? Würde das Auto stehen bleiben, oder würden die Reifen doch noch vom zerbrochenen Glas aufgeschlitzt werden? Zu meinem Erstaunen lenkte das ruckartig hin und her zuckende Steuerrad den Wagen von allein um die Tonne herum, erst nach links und dann wieder zurück auf die Straße.

Ich war entsetzt, vor mir eine weitere brennende Tonne zu sehen, die schwarzen Rauch ausstieß.

Doch wieder schien es eine Zusammenarbeit von Schutt und Rädern zu geben. Das Auto wurde um die Tonne gelenkt und wieder auf die Straße.

Nun überquerte mein Auto den *Chicago River* und kam in ein Industriegebiet, das verlassen wirkte. Der Boden sah nicht mehr pixelig aus, und der Wagen kam langsam zum Stehen. Das Empfinden eines Gewichts auf dem Auto und auf mir verschwand; ich stellte fest, dass ich mich wieder bewegen und den Wagen selber fahren konnte. Später maß ich die Entfernung, die mein Auto ohne mich als Fahrer zurückgelegt hatte: Es waren 1,2 Kilometer.

So schnell wie möglich wollte ich aus diesem gefährlichen Gebiet herauskommen. So fuhr ich zur Arbeit und bürstete mir erst einmal die Glassplitter aus Haaren und Kleidern. Ich dachte, ich hätte den Verstand verloren – das, was gerade geschehen war, hatte mich in Angst und Schrecken versetzt; mir graute immer noch, aber gleichzeitig wollte ich wieder die Gegenwart dieses Wesens spüren, die mich vorher umgeben hatte. Es war eine kostbare Erfahrung, aus derart bedrohlichen Umständen durch die Anwesenheit von etwas so Unbeschreiblichem herausgeholt zu werden. Ich hatte seine Liebe gespürt und seine Macht erlebt. Es hatte die schreckliche Situation vollkommen im Griff gehabt.

Damals konnte ich nicht verstehen, warum Gott mich gerettet hatte. Es brauchte lange, bis ich begriff, dass er handelt, wie es ihm gefällt, und dass er niemandem Rechenschaft gibt. Ich habe keinen Zweifel daran, dass seine Engel an dem Tag, als Chicago von Unruhen heimgesucht wurde, mein Auto umgaben und steuerten. Sie trugen mich auf den Händen, damit mein *Fuß nicht an einen Stein stoßen* konnte (Psalm 91,12). Steine und Schutt hätten mich ernsthaft verletzen oder gar töten können.

Heute denke ich an den Vers: *Seid stille und erkennet, dass ich Gott bin* (Psalm 46,11). Es ist sein wunderbares Geschenk des Friedens für mich, zu wissen, dass er über alle meine Umstände wacht.

Der fürsorgliche wilde Hund

Martha Nelson

»Mr Brewster, ich will nach Hause!«

Mein Lehrer sah vom Stapel Arbeiten hoch, die noch benotet werden mussten. »Was ist mit dir?«

»Ich habe Bauchweh«, sagte ich leise, damit meine Klassenkameraden es nicht hörten.

»Aber dann muss ich deine Eltern anrufen, Martha.«

Ich warf einen kurzen Blick auf die Klasse. Alle waren mit ihrer Geschichtsaufgabe beschäftigt. »Wir haben auf Big Island kein Telefon.«

Hoffentlich hatte das niemand gehört. Mit zwölf Jahren war ich alt genug, um mich für die finanzielle Not meiner Familie zu schämen. Noch leiser fügte ich hinzu: »Wir hätten eins bekommen sollen, als wir an den Strom angeschlossen wurden. Aber mein Vater ist arbeitslos.«

Ich starrte auf den Boden und wollte keine weitere Erklärung abgeben.

»Wie willst du dann nach Hause kommen?«

»Zu Fuß.«

Er nahm seine Brille ab und legte sie auf den Schreibtisch. »Junge Frau, hast du eine Vorstellung davon, wie weit es nach Big Island ist?«

»Ja, Sir.« Ich hob das Kinn. »Ich gehe die sechseinhalb Kilometer jeden Tag. Aber es sind nur drei Kilometer bis Vine Hill. Dort arbeitet mein Bruder Bob. Er bringt mich nach Hause, er hat ein Auto.«

»Willst du dich nicht lieber ein wenig hinlegen? Vielleicht geht es dir dann wieder besser.«

»Nein, danke. Meine Mutter weiß am besten, was da zu tun ist.«

Mr Brewster schüttelte den Kopf. »Also, meinetwegen. Offenbar hast du dir das gut überlegt. Geh aber bitte auf der Nebenfahrbahn, da sind weniger Autos unterwegs.« Er sah zum Fenster. »Und es schneit, pack dich warm ein.«

Als ich um die Ecke der Schule bog, traf mich plötzlich ein Windstoß mit voller Kraft. Dabei hatten sie im Radio heute weder Schnee noch Wind angekündigt. Ich zitterte, zog mir die Wollmütze über die Ohren und machte den obersten Knopf meiner Jacke zu.

Von meinem Marsch nach Vine Hill weiß ich nur noch, dass es ständig kälter wurde und mir der Bauch wehtat. Aber wie bang mir ums Herz wurde, als ich die Baustelle erreichte, das werde ich nie vergessen. Da war nur ein einziges Auto, und das gehörte nicht meinem Bruder. Der Blechschlosser antwortete, als ich nach meinem Bruder rief.

»Suchst du Bob Nelson?«, fragte der Mann vom obersten Absatz der Treppe herunter. »Ich bin der Einzige, der übrig geblieben ist. Alle anderen sind wegen des Sturms nach Hause gegangen.«

Ich dachte nicht mehr an meine Bauchschmerzen. Sollte ich die drei Kilometer zur Schule zurückgehen oder den viel längeren Weg nach Big Island wagen? Von Vine Hill waren es ungefähr acht Kilometer bis dorthin, und ein Teil der Strecke führte auch noch über das Eis. Aber ich war täglich darübergegangen, seit der See zugefroren war. Deshalb traute ich es mir auch jetzt zu.

Oben auf Vine Hill schützten mich keine Bäume vor dem scharfen Wind. Ich kämpfte mich anderthalb Kilometer voran; manchmal musste ich rückwärtsgehen, damit der Wind mir nicht dauernd ins Gesicht blies. Bald konnte ich die Straße vor mir kaum noch sehen. Es schneite nicht einfach nur, es war ein Schneesturm aufgekommen, der mir jede Sicht nahm.

Als ich in die Country Road einbog, berührte mich etwas am Bein. Ich schaute hinunter und entdeckte einen dürren weißen Terrier. Er wedelte mit dem Schwanz.

»Wo kommst du denn her? Was machst du hier draußen in diesem Sturm?«

Ich wunderte mich über mich selbst. Normalerweise hatte ich

Angst vor fremden Hunden. »Du armes Ding, du siehst ja halb verhungert aus. Es tut mir leid, ich habe nichts zu fressen für dich.« Ich setzte mich wieder in Bewegung, und er blieb bei mir. »Hast du kein Zuhause?«, fragte ich.

Seine Augen – so einen Blick hatte ich bei unseren Hunden noch nie gesehen. Er richtete den Blick so ernsthaft auf mich, als wollte er mir etwas sagen. Und anschließend kämpfte er sich an meiner Seite vier Kilometer durch den Sturm bis nach Windsor. Manchmal nahm mir der Wind fast den Atem. Der Hund und ich senkten die Köpfe; auf diese Weise kamen wir leichter gegen die Sturmböen an.

Während wir uns die Straße entlangschleppten, malte ich mir den Weg vor Augen, der noch vor uns lag. Ich wusste, dass ich am Ufer des *Lake Minnetonka* meine Augen fest auf die Stelle richten musste, wo sich die Insel befand. Wenn mir das gelang, konnte ich die letzten drei Kilometer über das Eis zu unserer Bucht schaffen. Ich musste meinen Blick starr nach vorn richten und keinen Moment abwenden, dann würde ich im Schneegestöber nicht die Orientierung verlieren. Mein Vater hatte uns Kinder immer wieder vor der Gefahr gewarnt, uns im Schnee zu verirren.

Nicht im Traum hätte ich gedacht, dass mir der Hund aufs Eis folgen würde, aber er tat es, und ich war sehr froh über seine Gesellschaft.

Auf dem Eis erfasste uns die volle Wucht des Schneesturms. Wir hatten noch nicht einmal die halbe Strecke hinter uns, als der Hund mich plötzlich angriff. Er wurde richtig wild, biss mich immer wieder in die Knöchel, bellte und knurrte. Er war wohl verrückt geworden! Was sollte ich tun? Ich versuchte, ihn abzuschütteln, aber ich wagte nicht, den Blick von meinem Orientierungspunkt abzuwenden, weil dies meine einzige Hoffnung war, nach Hause zu finden. »Weg mit dir! Was ist los mit dir?«, schrie ich. Er setzte seine Angriffe fort. Mir blieb nichts anderes übrig, als den Kopf zu senken und nach unten zu schauen.

Und da sah ich es. Offenes Wasser. Zwischen mir und dem Wasser lag nur ein einziger Schritt. Der Hund beruhigte sich. Ich bewegte mich langsam rückwärts, er folgte mir still. Ich setzte mich aufs Eis und legte meine zitternden Arme um den seltsamen kleinen Hund, der mir gerade das Leben gerettet hatte.

Ich weiß nicht, wie lange wir so dasaßen. Aber schließlich ließ der Wind etwas nach, sodass ich zwei Tannen aufrecht im Eis stehen sehen konnte, vielleicht drei Meter voneinander entfernt, jeweils an der Grenze zum offenen Wasser.

Natürlich. Vernon West war hier gewesen. Ihm gehörte ein Eishaus in *Tonka Bay*. Jeden Winter lagerte er Eis ein, das er aus dem *Lake Minnetonka* schnitt, und verkaufte es an Urlauber aus der Stadt. Er kennzeichnete die offenen Stellen immer durch Tannen, die er in das Eis steckte. Dieses Mal hatte er zwei Bäume aufgestellt, vielleicht wegen des Sturms. Aber in dem Schneetreiben hatte ich keinen von beiden gesehen.

Wie hatte der Hund das Loch bemerkt? Er hatte mich rechtzeitig gebremst. Wenn ich weitergegangen wäre, wäre ich ins neun Meter tiefe, eiskalte Wasser des Sees gestürzt.

Ich verdankte mein Leben einem kleinen weißen Hund mit einem ganz weisen Blick.

»Wenn du mit mir nach Hause kommst, wirst du nie wieder Hunger haben«, sagte ich zu dem Hund. »Du kannst für immer bei meiner Familie bleiben.«

Er berührte meine Wange mit seiner Schnauze. Ich zuckte zurück. Meine Wange kribbelte ganz eigenartig, fast wie bei einem Stich.

Ich blickte auf mein Zuhause. Jetzt konnte ich die Insel deutlich sehen. Abgesehen von gelegentlichen Böen, hatte sich der Sturm so plötzlich gelegt, wie er aufgekommen war. Vorsichtig ging ich mit dem Hund am offenen Wasser entlang und steuerte auf unsere Bucht zu. Ein Rauchfaden stieg aus dem Kamin des Räucherhauses, das meinem Bruder gehörte. An dem Häuschen angekommen, stieß ich die Tür auf. Der Kanonenofen war noch heiß, aber wieder hatte ich meinen Bruder verpasst.

Ich setzte mich auf die Bank, um erst einmal wieder zu Atem zu kommen.

»Komm her«, rief ich. Der Hund steckte seinen Kopf durch die Tür, sah mich lange und eindringlich an, dann ging er weg. Ich wollte ihm nachlaufen, doch ich konnte ihn nicht mehr finden.

»Warte. Komm zurück, Hund, bleib bei mir!«, schrie ich immer wieder.

Er war aus dem Nichts gekommen, und nun war er verschwunden. Ich suchte ihn überall und folgte meinen eigenen Fußabdrücken im Schnee. Doch weit und breit waren weder ein Hund noch seine Pfotenabdrücke zu sehen!

Lange Zeit dachte ich nicht mehr viel über diese Begebenheit nach. Erst vierzig Jahre später kam sie mir wieder in den Sinn.

Damals lag ich im Krankenhaus *Saint Mary's* und wartete auf eine Untersuchung, die dem Herzspezialisten zeigen sollte, wo genau die Arterie verstopft war. Ich zitterte. Die Angst tobte in mir wie der schlimmste Schneesturm im Winter, ließ mein Innerstes erstarren und raubte mir jeden Hoffnungsschimmer.

Meine Gedanken wanderten zu dem Marsch über das Eis, bei dem ein magerer weißer Terrier mir das Leben gerettet hatte. Dieser Hund!

Ich konnte fast wieder das Kribbeln an meiner Wange spüren, wo er mich mit der Schnauze berührt hatte. Was war das für ein Tier gewesen? Ich hatte nie zuvor darüber nachgedacht. War es ein echter Hund, den Gott gebraucht hatte, oder ein besonderer Bote, ein Engel in Verkleidung? Doch das spielt keine Rolle. Ich wusste damals wie heute, dass es Gott war, der mich beschützt hatte.

Als Kind hatte ich nichts von Gott gewusst. Doch seit ich zum Glauben gekommen war, betete ich täglich für andere und hatte auch meinen Töchtern beigebracht, dass dem Herrn nichts unmöglich ist. Jetzt in dieser Situation im Krankenhaus wusste ich genau, dass ich beten sollte: *Vater unser im Himmel, geheiligt werde dein Name. Dein Reich komme. Dein Wille …*

Doch ich brachte es nicht über meine Lippen. Ich wollte, dass *mein* Wille geschah. Den größten Teil meines Lebens hatte ich auf eigenen Wegen verbracht, unabhängig von Gott oder Menschen. Aber jetzt war es, als stünde ich auf dem Eis, direkt vor dem offenen Wasser. Nirgendwo konnte ich auch nur eine einzige Stelle erkennen, wo ich sicheren Schrittes hätte gehen können. Ich spürte, dass der Herr mich aufforderte, ihm die Kontrolle über mein Leben zu überlassen.

»Das kann ich nicht.«

Es gibt keinen anderen Weg.

»Ich will aber meinen eigenen Weg.«

Ich bin der Weg. Ich bin die Wahrheit und das Leben. Vertraue mir.

Langsam gab ich den Kampf auf: »Dein Reich komme. Dein Wille – dein Wille geschehe, wie im Himmel, so auch auf Erden. Hier. Nimm mich ganz. Mein Leben gehört dir.«

Bei diesen Worten strömte eine Wärme in mich hinein, als hätte der Herr selbst seine Arme um meinen zitternden Leib gelegt. Ich schlief die ganze Nacht in tiefem Frieden.

Am nächsten Morgen führten die Kardiologen die Untersuchung durch. Der Herzspezialist wirkte verwundert.

Er schüttelte den Kopf. »Die Verstopfung ist weg. Sie sind völlig gesund. Hier muss ein Wunder geschehen sein.«

Es macht nichts, wenn ich selbst mein Ziel nicht vor Augen habe. Ich kann Gott, meinem Vater, vertrauen. Ich kann im Glauben vorwärtsgehen, auch wenn ich gar nichts sehe, und ich muss nicht befürchten, ins offene Wasser zu fallen.

Ein Engel auf der Route 495

Susan A. J. Lyttek

»Sieht aus, als würde sich da etwas zusammenbrauen«, sagte Matt, während er in den Himmel schaute.

Ich stimmte ihm zu. »Ich wünschte, du wärst der Fahrer, nicht ich.«

»Das haben wir doch heute Morgen schon besprochen. Dein Auto braucht viel weniger Benzin als mein Geländewagen. Und Gary hält es immer so ordentlich.«

Da musste ich ihm allerdings recht geben. Mein lieber Mann konnte ein Durcheinander in seinem Auto absolut nicht ertragen. Er sorgte immer dafür, dass die Mitfahrer genug Platz für ihre Beine hatten und bequem saßen. Ich wusste also, warum ich am Steuer saß, aber ich wünschte mir trotzdem, Matt könnte meinen Platz übernehmen, und bat ihn deshalb darum.

»Du weißt doch, ich fahre nur Automatik«, erinnerte er mich.

Ich seufzte und ließ den Motor an. Mein Freund Matt und ich hatten an einem eintägigen Seminar für christliche Schriftsteller in Annapolis in Maryland teilgenommen, ein paar Stunden nördlich von unserem Wohnort. Am Morgen hatte ich ihn an unserer Kirche abgeholt und zu dem Seminar mitgenommen. Wir hatten die Gemeinschaft und die verschiedenen Möglichkeiten, uns fortzubilden, genossen, aber als wir das Treffen verlassen hatten, war der Winterhimmel ungewöhnlich früh dunkel gewesen.

Die erste größere Straße, auf die wir nach Annapolis trafen, war der Highway 50. Dort herrschte dichter Verkehr, der sich zähflüssig fortbewegte, was zum Teil am Samstagabend und zum Teil am Wetter lag. Nach kurzer Zeit fing es an, zu regnen.

Erst reichte die Intervallschaltung des Scheibenwischers, dann brauchte ich Stufe 1. Aber auch diese reichte nur aus, bis wir auf den Ring um Washington D. C. kamen. Selbst zu den günstigsten

Verkehrszeiten ist diese Straße viel befahren und tückisch, aber jetzt kamen offenbar noch viele Auswärtige hinzu, die die Stadt in Richtung Süden zum Highway 95 verließen. Der Regen und der drohende Sturm riefen unterschiedliche Reaktionen bei den Fahrern hervor. Manche verhielten sich, als wäre der Straßenbelag trocken, und fuhren wie auf einer Rennstrecke. Andere verwechselten den Regen wohl mit frisch gefallenem Schnee und krochen mit zwanzig oder fünfundzwanzig Stundenkilometern unter der erlaubten Geschwindigkeit dahin.

Ich hatte lange genug in der Gegend gelebt, um ein gewaltiges Verkehrschaos vorherzusehen.

»Mach dir keine Sorgen. Das wird schon klappen«, versuchte Matt, mich zu beruhigen.

Aber das änderte nichts an meinem angespannten Gesichtsausdruck. Matt probierte es immer wieder mit neuen Gesprächsthemen, um meinen angespannten Griff ums Lenkrad zu lockern. Als jungem, alleinstehendem Mann war es ihm allem Anschein nach unangenehm, eine so nervöse Frau beruhigen zu müssen.

»Hast du mir nicht erzählt, dass du Gottes Gegenwart heute beim Seminar erfahren hast?«

»Ja, doch.«

»Vielleicht liege ich falsch, aber du hast gesagt, dass du eine neue Richtung vor dir siehst, wo Gott dich mit deiner schriftstellerischen Gabe gebrauchen will. Der Redner hat dir eine Menge Ideen gegeben, wie du Gott besser dienen könntest, hast du gesagt. Meinst du, Gott würde dir all das bestätigen und dich dann einfach zu sich holen?«

Vor uns wechselten die Autos dauernd von einer Spur zur anderen, und ab und zu kam noch ein spritzender Schwerlaster dazu. Ich fühlte mich wie ein Weberschiffchen, das sich durch einen verheddorten Webrahmen kämpfte.

»Hast du mich gehört?«, fragte Matt.

»Ja«, blaffte ich.

»Und glaubst du das?«

Nein, das tat ich nicht. Eigentlich tat ich das wirklich nicht. Ich wusste, dass Gott mich beschützen konnte. Er hatte es schon bei vielen Gelegenheiten getan. Aber warum sollte er sich um den Verkehr kümmern? War das nicht *meine* Aufgabe?

Vielleicht spürte Matt, dass mir diese Frage unangenehm war, vielleicht merkte er auch einfach, dass von mir keine Antwort kam, jedenfalls wechselte er das Thema und fing an, über einen gemeinsamen Freund aus unserer Kirche zu reden, der weggezogen war und in der nächsten Woche zu Besuch kommen wollte.

Ich achtete jedoch kaum auf sein Geplauder. Mehr und mehr brauchte ich meine volle Konzentration für die Fahrzeuge um uns herum und das Wetter, das sich zunehmend verschlechterte. Wenn es gar nicht anders ging, weil er eine Gesprächspause machte, nickte ich kurz zu ihm hinüber.

Als wir um eine Kurve bogen, sah ich etwa achthundert Meter vor uns ein Fahrzeug mit Panne am rechten Seitenstreifen. Die Fahrerin tat mir leid. Auf dieser Strecke liegen zu bleiben, war schlimm genug, und dann auch noch bei diesem Wetter! Ich schickte ein kurzes Gebet für sie zum Himmel.

Allerdings war mein Mitgefühl nicht so groß wie das eines Fahrers, der quer über drei Spuren drängte, um ihr zu helfen.

Die Kombination aus dichtem Verkehr und schlechtem Wetter machte sein Manöver noch gefährlicher, als es ohnehin schon war. Vor mir und links von mir traten Fahrer in die Bremse, um einen Zusammenstoß mit dem barmherzigen Samariter zu verhindern. Ein Auto nach dem anderen kam quietschend zum Stehen.

Ich trat mit aller Kraft in die Bremse; der Wagen rutschte noch ein Stück, bevor er anhielt – nur wenige Zentimeter hinter dem Fahrzeug vor mir. Das war knapp!

Erleichtert, dass ich nicht auf das Auto aufgefahren war, holte ich tief Luft. Dann schaute ich in den Rückspiegel. Was ich da sah, hätte ich mir gern erspart! Hinter mir brauste in Autobahngeschwindigkeit ein riesiger Lastwagen heran, der von dem ganzen Durcheinander nichts mitbekommen hatte.

»Du lieber Gott!«, schrie ich. Es war Hilferuf und Gebet zugleich. Matt schaute nach hinten, um zu sehen, was da los war. Dann machten wir uns beide auf den unausweichlichen Aufprall gefasst. Während ich auf das Schlimmste wartete, geschah das Undenkbare. Ein großes, leuchtendes Wesen, mindestens vier bis fünf Meter hoch, tauchte zwischen meinem Kleinwagen und dem Riesenlaster auf. Durch sein überirdisches Leuchten hindurch konnte ich immer noch sehen, wie sich der Lastwagen auf meine Stoßstange zubewegte. Das Wesen hatte mir den Rücken zugedreht. Es streckte seine Arme aus und bildete eine Sperre. Der Lastwagen wurde in meinen Augen überhaupt nicht langsamer, aber er prallte trotzdem nicht gegen mein Auto. Die Gegenwart dieser strahlenden Gestalt verhinderte dies. »Ein Engel«, hauchte ich, noch ganz benommen.

Kaum hatte ich das ausgesprochen, konnte ich ihn nicht mehr sehen. Aber ich wusste: Gott hatte einen Engel geschickt, um uns zu beschützen. Er hatte mich bewahrt!

Meine Angst löste sich augenblicklich in Luft auf, und nichts – weder das Wetter noch meine Erschöpfung nach einem langen Tag noch die verrückten Fahrer um mich herum – konnte mir meine Freude rauben.

Matt hatte den Engel nicht gesehen; er hatte nach vorne gerichtet den Aufprall erwartet. Aber nachdem ich ihm eine halbe Stunde lang in allen Farben mein Erleben nachgezeichnet hatte, konnte er nicht anders, als mir zu glauben.

Zwei Dinge waren unübersehbar: Vor unserem plötzlichen Halt war ich in panischer Angst gewesen. Danach wusste ich mich ganz in der Gegenwart Gottes geborgen und war voller Glück und Zuversicht. Diese Wandlung ließ keinen Zweifel daran zu, dass ich ein ganz wunderbares Erlebnis gehabt hatte.

Ich für meinen Teil wusste, was ich gesehen hatte. Mein himmlischer Vater hatte einen Engel geschickt, um mich zu beschützen und mir zu beweisen, dass er sich sogar um den Verkehr kümmert.

Gib Gott Zeit

James Stuart Bell

Ich war der typische mittellose Student, deshalb verkaufte meine Frau Margaret im Auftrag ihrer Tante im vornehmen Teil von Dublin Pelzmäntel, um für unseren Lebensunterhalt aufzukommen.

Manchmal verdienten wir kaum etwas, weil wir keine Pelze verkauft hatten, und lebten beinahe von der Hand in den Mund. Aber wenn wir einen einzigen Mantel verkauften, feierten wir das und gingen essen. Wir waren jung verheiratet, und Gott benutzte diese Zeit als Trainingslager für uns, damit wir lernten, ihm zu vertrauen und uns darauf zu verlassen, dass er in der Gegenwart und in der Zukunft für uns sorgen würde.

In dem Studiensemester in Irland hatten wir Gottes wunderbare Fürsorge schon mehrfach erlebt. Doch einen ganz großen Wunsch hatten wir noch: Bevor wir in die USA zurückkehrten, wollten wir gern noch ein besonders hübsches Fleckchen Erde in Europa besuchen.

Vor unserer Hochzeit hatte ich das Titelbild einer *National Geographic*-Ausgabe auf dem Couchtisch meiner Eltern gesehen und hatte ausgerufen:»Dorthin müssen wir unsere Hochzeitsreise machen!« Es war das Bild einer Kirche auf einer winzigen Insel mitten im eisblauen Bleder See in den slowenischen Alpen (damals Jugoslawien), mit einer großen Felswand im Hintergrund und einer Burg in der Ferne.

Aber als wir dann nach unserer Hochzeit in London, unserem ersten Zwischenstopp, ankamen, kam ein Problem nach dem anderen auf uns zu, sodass wir nicht mehr nach Jugoslawien reisen konnten. Ich sagte einer Freundin, bei der wir in London wohnten, voraus, dass wir ganz bestimmt keine Gelegenheit mehr haben würden, unser Traumziel in den Alpen zu sehen. Das Studiensemester in Irland, eine leere Kasse, die Rückkehr in die USA und die Notwendigkeit, wegen des bald zu erwartenden ersten Kindes ernsthaft Geld zu verdienen, würden es unmöglich machen. Aber unsere Freundin ermutigte uns, den Glauben nicht aufzugeben. Sie hatte das starke Gefühl, dass wir vor unserer Heimkehr in die USA unsere Reise machen könnten.

Die Monate, in denen ich die irischen Dichter, C. S. Lewis und andere Geistesgrößen studierte, flogen nur so vorüber, und schneller als gedacht war die freie Zeit vor unserer Heimreise da. Wie vermutet, waren unsere mageren Ersparnisse zusammengeschrumpft, und ich erinnerte Margaret an meine Vorausahnungen. Sie hingegen rief mir die glaubensstarken Worte unserer Londoner Freundin ins Gedächtnis, dass unser Wunsch sich noch erfüllen würde.

»Gebt Gott Zeit«, hatte unsere Freundin gesagt. Also warteten wir erst einmal mit wachen Augen auf das, was kommen würde. Und es kamen Dinge, die wir nie erwartet hätten.

Aus heiterem Himmel schickte Margarets Mutter uns zweihundert irische Pfund mit der Begründung, sie habe vergessen, uns ein Hochzeitsgeschenk zu geben. Meine Überlegung war: *Dieses Geld ermöglicht uns immerhin eine Rundreise, um Margarets Schwester Mona in Paris zu besuchen.*

Aber dabei blieb es nicht, denn Mona erinnerte sich ebenfalls, dass sie vergessen hatte, uns etwas zur Hochzeit zu schenken. Auch sie gab uns zweihundert Pfund. Nun konnten wir tatsächlich den berühmten Orientexpress durch ganz Italien bis zu unserem Ziel im damaligen Jugoslawien nehmen.

Es waren wunderschöne Ferien, auch wenn das Geld knapp war. Wir hatten diese riesengroßen orangefarbenen Rucksäcke der Siebzigerjahre, übernachteten in günstigen Jugendherbergen und aßen billige belegte Brote. Aber das war alles kein Problem, schließlich lebten wir von der Liebe.

Als wir mit dem Zug nach Irland zurückkehrten, besaßen wir nur noch ein paar armselige Pfund. Doch darüber machte ich mir keine Gedanken. Bald würden wir in die USA aufbrechen, die Flugtickets waren bereits bezahlt. Wir hatten die Absicht, eine Weile bei meinen

Eltern zu wohnen, so konnte ich in aller Ruhe im christlichen Verlagswesen eine Stelle suchen. Ein überschaubarer Plan.

Aber: Er ging nicht auf. Ich war mit einer irischen Staatsbürgerin verheiratet, die die Absicht hatte, sich in den USA niederzulassen. Erst, als wir am Flughafen in der Schlange standen, ging es mir durch den Kopf, dass womöglich für sie als Ausländerin, die dauerhaft in die USA einreisen wollte, andere Bestimmungen galten als für mich.

Ich fand es schnell heraus. Es war früh am Sonntagmorgen, und wir hatten massenhaft Zeit bis zu unserem Flug nach Newark in New Jersey. Die Person am Schalter klärte uns darüber auf, dass Margaret ein Visum brauchte, um in die USA einzureisen. Dies bekäme sie in der amerikanischen Botschaft. Sie sauste davon, schnappte sich ein Taxi und kehrte ins weitgehend menschenleere Dublin zurück, nur um festzustellen, dass so früh am Sonntagmorgen in der Botschaft niemand erreichbar war.

Als sie zum Check-in am Flughafen zurückkehrte, hatte der Angestellte dort noch mehr schlechte Nachrichten. Der nächste verfügbare Flug, bei dem noch Plätze frei waren, würde erst in fünf Tagen gehen, und das Ticket würde sich verteuern – es würde für uns beide zusammen fünfundfünfzig irische Pfund zusätzlich kosten.

Wir hatten kaum genug Geld für ein Taxi zurück zur Wohnung von Margarets Schwester, wo wir übernachtet hatten. Wo sollten wir den Aufpreis für den neuen Flug herbekommen?

Sollten wir Margarets Mutter in der nahe gelegenen Grafschaft Wicklow anrufen und uns Geld leihen oder einen unserer Freunde anpumpen?

Als wir darüber beteten, hatten wir den Eindruck, Gott würde uns sagen, dies wäre kein gutes Zeugnis für unseren Glauben. So beschlossen wir, uns allein auf Gott zu verlassen und niemanden um Geld zu bitten.

Wir hatten noch fünf Tage Zeit und besaßen nur ein paar Pence. Eine gute Gelegenheit, das Vertrauen auf Gott zu üben. Inzwischen besorgten wir uns die notwendigen Papiere von der amerikanischen Botschaft.

Ein paar Tage später erhielten wir einen Anruf von einer reizenden Witwe, die in Dublin in unserer Gebetsgruppe gewesen war. Tante Elsie war wie unsere persönliche irische gute Fee, eine kleine, stille und liebenswürdige Frau, die sehr geistlich lebte und Gottes Stimme hörte, als wäre er ihr bester Freund. Sie wusste nichts von unserem Abreisetermin und lud uns einfach zum Tee zu sich ein.

»Na ja, wenigstens bekommen wir eine kostenlose Mahlzeit, obwohl ich mich langsam wie ein Schmarotzer fühle«, sagte ich zu meiner Frau.

Tante Elsie war liebenswürdig wie immer und wartete mit einem wunderschön gedeckten Tisch auf uns. Es gab Tee, Gebäck, Streichrahm und Marmelade. Wir ließen kein Wort über unsere finanzielle Not verlauten und erzählten ihr nur flüchtig, dass wir vorhatten, bald in die USA zurückzukehren.

Als wir mit bedauernden Abschiedsworten zur Tür gingen, führte sie uns zu einem kleinen Tisch, auf dem ein Umschlag lag. »Jesaja 55« stand darauf. Innen fanden wir eine Karte mit den ersten beiden Versen dieses Kapitels:

Auf, ihr Durstigen, kommt zum Wasser! Geht los, auch wenn ihr kein Geld habt. Geht, kauft Getreide und esst. Wer kein Geld hat, versorge sich kostenlos mit Korn. Geht hin und besorgt euch Wein und Milch, ihr braucht nicht zu bezahlen. Warum solltet ihr euer Geld für etwas ausgeben, das kein Brot ist, euren Lohn für etwas, von dem ihr nicht satt werdet? Hört zu und esst Gutes und eure Seele wird satt werden.

Mir fielen beinahe die Augen aus dem Kopf, als ich feststellte, was sich außer den Versen im Umschlag befand – fünfundfünfzig irische Pfund, genau der Betrag, den wir brauchten!

Tante Elsie erklärte beiläufig, der Herr habe ihr diesen Vers geschenkt, um ihn uns auf die Reise mitzugeben. Außerdem hatte sie den Eindruck, dass sie uns so viel Geld mitgeben sollte, wie es der Nummer des Kapitels, aus dem der Vers stammte, entsprach.

35

Wir waren völlig verblüfft, wie großzügig und kreativ Gott gehandelt hatte, nachdem wir bereit gewesen waren, einen winzigen Glaubensschritt zu gehen und unsere Not geheim zu halten. Aber am allerglücklichsten machte uns die neue Erkenntnis, dass er den völligen Überblick über jeden Aspekt unseres Lebens hat, egal, ob groß oder klein, und dass er auch in der Zukunft für alle unsere Bedürfnisse sorgen würde.

Ein paar Tage nach unserer Rückkehr in die USA gingen wir in unseren christlichen Lieblingsbuchladen und suchten nach geistlicher Literatur, um uns auf das, was auf uns zukommen würde, vorzubereiten. Ich sollte bald meine Frau und das Baby Rosheen ernähren.

Während Margaret an der Ladentheke mit einer Freundin sprach, trödelte ich um einen Drehständer mit Postern herum. Und wieder fielen mir die Augen fast aus dem Kopf. Vor mir war ein Poster mit einem Foto vom Bleder See, genau aus demselben Blickwinkel wie auf der *National Geographic*. Ich hatte damals nicht mehr daran geglaubt, noch an diesen Ort zu kommen, bis die Londoner Freundin uns die Botschaft von Gott weitergab, wir sollten ihm Zeit geben und vertrauen, dann würden wir am Ende dorthin kommen.

Noch verblüffender war der Text auf dem Poster. Warum war dieses Poster eines unbedeutenden Ortes in Jugoslawien hier in Plainfield in New Jersey in einem Buchladen? Weil es für Margaret und mich bestimmt war. Der Text in der unteren rechten Ecke des Bleder Sees lautete: *Gib Gott Zeit.*

Ob es die fünf Tage waren, die wir auf die fünfundfünfzig Pfund für unseren Rückflug nach Amerika gewartet hatten, oder die fünf Monate, die zwischen unserer Hochzeit und der Reise an den Bleder See lagen – Gott hatte uns laut und klar gesagt, dass wir ihm Zeit geben sollten, um seine wunderbare Versorgung zu erleben.

Auf Gott zu warten, ist manchmal anstrengend und vielleicht fast nicht auszuhalten, aber wenn wir dem Gott vertrauen, der uns nicht im Stich lässt, wird das unseren Glauben vertiefen und Frucht bringen.

Eine ungestüme Umarmung im Himmel

G. L. Francis

Hannah starb einen Monat vor ihrem zwanzigsten Geburtstag. Als Tochter meiner jüngsten Schwester war sie meine Nichte. Aber weil meine Schwester nicht für sie sorgen konnte, hatten unsere Eltern Hannah adoptiert, sodass sie nun sowohl meine Schwester als auch meine Nichte war.

Sie nahm die Situation mit Humor. »Mein Opa ist mein Papa, und meine Oma ist meine Mama«, erklärte sie in der Schule, wenn sie etwas über ihre Familie erzählen sollte. »Meine Mutter ist meine Schwester, und meine Tanten sind auch meine Schwestern.«

Trotz des großen Altersunterschieds standen wir uns nahe wie Schwestern und teilten unsere Liebe zu Pferden und Hunden, Kunst und Handarbeit, Steinen und japanischen Nudeln. Ihre Legasthenie erschwerte ihr das Lesen, aber wenn jemand ihr Geschichten vorlas, hörte sie mit Begeisterung zu.

Schon einige Monate im Voraus plante sie unseren alljährlichen Besuch beim örtlichen Renaissancefest: welche Aufführungen wir anschauen, welchen Kleinkram wir kaufen und welches Essen wir ausprobieren sollten.

In ernsteren Momenten erzählte mir Hannah, dass manche Mitschüler sich darüber lustig machten, dass sie bei ihren Großeltern aufwuchs. Insgeheim machte sie sich Sorgen, weil unsere Eltern schon so alt waren. Wenn sie sterben würden, bevor sie mit der Schule fertig war, was dann?

»Keine Angst«, sagte ich zu ihr. »Wenn sie sterben, nehmen wir dich bei uns auf.«

Meine Eltern waren beide nicht mehr bei guter Gesundheit. Deshalb hatten mein Mann und ich schon oft darüber nachgedacht, dass wir, wenn nötig, das Sorgerecht für Hannah übernehmen würden.

Sie umarmte mich so fest, dass sie fast meine sämtlichen Rippen zusammendrückte, und grinste.

»Dann muss ich den Leuten sagen, dass meine Oma meine Mama und meine Mutter meine Schwester ist und dass meine Tante meine Schwester und jetzt auch noch meine Mama ist.« Wir mussten beide lachen.

Ab und zu bekam ich einen dringenden Anruf von ihr.

»Oma hat mir wieder aus dem Jakobusbrief vorgelesen.« Verzweiflung klang aus Hannahs junger Stimme.

Ach, ja. Der Jakobusbrief. Das passende Kapitel, der passende Vers. Wir waren alle damit aufgewachsen. Jedes Mal, wenn unsere Mutter fand, dass die Situation es erforderte, kam sie mit Jakobus daher.

»Warst du hochmütig oder frech?«

Gemurmel.

Ich kicherte. »Entschuldige, ich höre nichts.«

»Frech. Sie sagte, ich dürfte die Reitstiefel nicht in die Kirche anziehen. Ich sagte: ›Wenn ich das nicht darf, gehe ich nicht mit.‹«

Als Hannah fünfzehn war, veränderte ein Unfall ihr Leben. Der Pick-up, in dem sie saß, überschlug sich, und sie wurde aus dem Rückfenster geschleudert. Der Fahrer lief davon und ließ sie im Graben liegen. Ihre Wirbelsäule und ihre Hüften waren gebrochen. Erst Stunden später wurde sie von einem Passanten gefunden.

Die Ärzte sagten Hannah, sie würde nie wieder gehen können, aber sie war damit aufgewachsen, dass Familienmitglieder gegen verheerende gesundheitliche Schwierigkeiten ankämpften. Hartnäckigkeit ist erblich. Deshalb vergoss sie keine Tränen, sondern kniff die Augen zusammen, schob das Kinn nach vorn und entgegnete: »Doch, das werde ich!«

Obwohl ihr Rücken und ihre Hüften auch nach der Heilung gekrümmt blieben, konnte sie innerhalb weniger Monate wieder gehen. Und nach einem Jahr ritt sie wieder. Unsere Eltern zogen mit ihr weiter weg auf einen kleinen Hof, wo sie sogar ein eigenes Pferd bekam.

Vier Jahre vergingen. Hannah hatte seit dem Unfall ständig Schmerzen, trainierte aber trotzdem ihre Reitkunst und bereitete sich auf Reitwettkämpfe vor.

Sie kaufte einen Shetland-Schäferhund und beschäftigte sich mit der Dressur, der Präsentation und der Zucht von Hunden. Ihr Traum war es, eine bestimmte Zuchtlinie von Shetland-Schauhunden zu entwickeln, die die Aufgaben von Schäferhunden genauso gut wie diese erfüllen konnten. Um für die eigene Hundezucht und einen Stall zu sparen, arbeitete sie in Teilzeit in einer Hundezuchtstation und als Assistentin in einer Tierklinik.

Hannah beteiligte sich an Gemeindeaktionen und arbeitete in einer Gruppe für behinderte Kinder mit. Sie wurde berühmt – und berüchtigt – für ihre fröhlichen, ungestümen Umarmungen. Sie sammelte Plüschtiere: Einhörner, Pferde, Hunde. Und sie gab niemals auf.

Eines Tages rief mich mein Vater bei der Arbeit an und sagte mit zittriger Stimme:»Sie ist tot.«

Zuerst dachte ich, er spräche von meiner Mutter. Ihre Gesundheit hatte sich in den letzten Monaten ständig verschlechtert. Dann erst begriff ich – er meinte Hannah.

Auf so einen Moment kann man sich nicht vorbereiten. Die Nachricht griff mein Innerstes an. Die Luft blieb mir weg, ich konnte kaum noch atmen. Die Sekunden kamen mir vor wie eine Ewigkeit, bevor ich fragen konnte, was passiert war.

Mein Vater berichtete mir. Drei Tage zuvor hatte die Lenkung ihres Wagens versagt, und sie hatte die Kontrolle über das Auto verloren. Es war von einer Brücke in den eisigen Fluss gestürzt, der durch das Tauwasser im Februar angeschwollen und reißend war. Die Fahrer hinter ihr hatten sofort angehalten, um Hilfe zu leisten. Man kann es Glück oder göttliche Führung nennen, jedenfalls war die erste Person ein Rettungssanitäter auf seinem Weg zur Arbeit und die zweite eine Krankenschwester von der Notaufnahme, die gerade von ihrer Schicht kam.

Hannah gelang es, sich aus dem untergegangenen Wagen zu befreien und einen schmalen Vorsprung zu erreichen, dreieinhalb Meter unter der Straße, bevor sie wegen einer schweren Unterkühlung zusammenbrach. Andere Fahrer ließen die beiden medizinisch ausgebildeten Retter zu ihr hinunter.

Sie verbrachte die Nacht im Krankenhaus. Ihre Körpertemperatur stieg von bedrohlichen 21,8 auf 36,1 Grad Celsius. Es war nichts gebrochen, und sie war mit ein paar kleinen Kratzern und Prellungen davongekommen, doch die Unterkühlung verschlimmerte ihre Schmerzen vom vorherigen Unfall.

Obwohl sie das eiskalte Flusswasser geschluckt und eingeatmet hatte, ging es ihr anscheinend gut genug, um am nächsten Tag entlassen werden zu können. Sie kam nach Hause, aber sie konnte sich an nichts erinnern, was nach dem Sturz ins Wasser passiert war. Sie hatte keine Ahnung, wie sie aus dem Auto herausgekommen war und wie sie es zu dem schmalen Vorsprung geschafft hatte.

Als mein Vater seinen Bericht beendet hatte, ließ ich alles stehen und liegen und machte mich sofort auf den Weg zu ihm.

Ich konnte nur daran denken, wie Tränen des Glücks über Hannahs Wangen liefen, wenn sie sich freute, und wie ungestüm sie mich immer drückte, wenn ich ihr ein kleines Geschenk machte – auch wenn es nur ein hübscher Stein war, den ich gefunden hatte. Es schien so widernatürlich, einen Menschen in seinen Jugendjahren zu verlieren.

Selbst ein starker Glaube fragt einen Moment lang »Warum?«, wenn das Undenkbare passiert. Gott antwortet nicht mit dröhnender Stimme hinter prallen Wolken hervor, die von Sonnenstrahlen umkränzt sind. Seine Antworten kommen fast unmerklich, unaufdringlich. Es kann sein, sie stecken im Flüstern des eintönigen Geräuschs von Reifen auf der Straße, wenn man losfährt, um die Beerdigung vorzubereiten. Oder sie erscheinen, wenn man den Stock, die Klammern, die zusätzlichen Medikamente sieht, die nicht mehr gebraucht werden. Oder aber sie sind in den ernsten Blicken zweier Schäferhunde zu finden, die bis zum letzten Atemzug bei der jungen Frau geblieben sind.

Man kann die leise Antwort Gottes auch in den beinahe identischen Anrufen von Fremden vernehmen, die angehalten hatten, um Hannah zu helfen.

»Es tut mir so leid, das mit Hannah zu hören.«

»Danke. Ich werde es meiner Familie weitergeben. Sie werden sich über Ihren Anruf freuen.« Ich war an der Reihe, Telefonanrufe entgegenzunehmen, um meine Mutter und meinen Vater zu entlasten, wenn auch nur für kurze Zeit.

»Ich ... äh ... ich wollte Ihnen noch etwas über diesen Vorfall am Fluss erzählen. Bitte halten Sie mich nicht für verrückt, aber es war einfach so merkwürdig, dass Sie unbedingt davon wissen sollten.«

Ich schloss die Augen und holte tief Luft. Eigentlich hatte ich keine Lust, mir irgendein dummes Geschwätz über den Unfall anzuhören. Aber die Höflichkeit besiegte meinen Drang, den Hörer aufzulegen. »Es passieren viele merkwürdige Dinge im Leben. Dass wir sie nicht erklären können, muss nicht heißen, dass wir verrückt sind.«

Der Mensch am anderen Ende zögerte.

»Da war bereits jemand an diesem Vorsprung und half Hannah, als wir dort hinkamen. Das ist unmöglich, ich weiß. Er hätte dort auf keinen Fall unbemerkt hingelangen können. Und der Vorsprung war nur ein paar Meter breit und vom Ufer aus nicht zugänglich.«

Ich runzelte am Telefon die Stirn. Hannah war doch allein im Auto gewesen. Oder nicht?

»Aber er war nicht mehr da, als man sie und die anderen beiden nach oben zog.« Wieder ein Zögern, dann fügte der Anrufer hinzu: »Und seine Kleider waren trocken, obwohl das Spritzwasser vom Fluss die beiden, die wir hinuntergelassen hatten, innerhalb von wenigen Minuten durchnässt hatte.«

Die Krankenschwester, die auf dem Vorsprung bei Hannah gewesen war, rief ebenfalls an. Sie berichtete beinahe das Gleiche wie der erste Anrufer, doch mit zusätzlichen Einzelheiten.

»Die Luft war seltsam – ganz ruhig, obwohl ein starker Wind herrschte. Meine Haut und meine Knochen fühlten sich an, als würden sie summen. Und dieser Mann – wir waren so auf Hannah konzentriert, dass ich sein Gesicht nicht so genau anschaute, aber er trug Jeans und ein braunes Flanellhemd. Er war absolut trocken. Als die Männer mich auf dem Vorsprung absetzten, trat er zur Seite.«

Der Notarzt erzählte uns:»Da unten war ein Mann mit einem braunen Flanellhemd. Er sagte nichts. Ich wickelte Ihre Schwester in meine Jacke, und als ich aufschaute, um ihn zu fragen, ob mit ihm alles in Ordnung sei, war er verschwunden. Aber niemand von der Straße hatte ihm hinaufgeholfen! Der Mann war vollkommen trocken, aber uns spritzte der Fluss nass bis auf die Haut.«

Eine andere Person, die von der Straße aus geholfen hatte, sagte: »Ich habe keine Ahnung, was da passiert ist. Ich sage Ihnen, meine Knochen kribbeln jetzt noch, wenn ich nur daran denke, wie sich die Luft anfühlte. Ich wollte gerade meine Dachgurte hinunterwerfen, damit man die Verletzte damit nach oben bringen konnte. Ich könnte schwören, dass dort auf dem Vorsprung zusammen mit Ihrer Schwester vier Leute waren. Dann schaute ich eine Sekunde lang weg, als der Krankenwagen kam, und als ich wieder nach unten guckte, waren es nur noch drei.«

Von jedem Anrufer kam am Ende die staunende Frage:»Meinen Sie, dass ihr an diesem Tag ein Engel geholfen hat?«

Aber warum? Es ergab keinen Sinn. Wenn es für sie an der Zeit war, zu sterben, wozu dann die Rettung?

Ich saß auf der Veranda hinten am Haus meiner Eltern und bürstete das seidige, dichte Fell von Hannahs ältestem Hund, als der Rest der stillen Antworten kam.

Jeder einzelne Mensch, der ihr an jenem Tag geholfen hatte, sollte diese Rettung sehen. Vielleicht brauchten diese wenigen einfach unbedingt eine himmlische Begegnung.

Hannahs Tod war eine Erlösung von ihren körperlichen Gebrechen. Der Zustand ihrer inneren Organe, die von ihrem ersten Unfall her verletzt waren, hatte sich rapide verschlechtert. Doch aus unerfindlichen Gründen hatte sie nicht allein und verängstigt in dem eiskalten Fluss sterben sollen. Sie starb ganz ruhig im Schlaf, hatte Menschen, die sie liebten, in ihrer Nähe, hatte ihre geliebten Hunde neben dem Bett und ihr Pferd auf der Weide unter ihrem Fenster und war umgeben von ihren Lieblingsdingen.

Hannahs Tod hinterließ eine große Lücke in unserem Leben, aber Gott tröstete uns mit dem Segen der Ruhe und der Gewissheit, dass wir eines Tages wieder vereint sein werden.

Als ich den Hund umarmte, leuchteten unwillkürlich Bilder in meinem Inneren auf:

Wie Hannah ein ernstes Wörtchen mit Jakobus über diese »Zunge im Zaum«-Verse sprach, die er vor so langer Zeit geschrieben hatte.

Wie Hannah Jesus bedrängte, sie die Pferde der himmlischen Kavallerie reiten zu lassen, die ihn in den letzten Tagen begleiten würde.

Wie Hannah im Himmel fröhliche, ungestüme Umarmungen verteilte.

Flügel des Friedens

Cheryl Christensen Johnston

Mein Mann nennt mich *Pollyanna*, denn normalerweise bin ich, genau wie die Kinderbuchfigur *Pollyanna*, eine optimistische Frau, die in allem das Gute sieht und überreich gesegnet ist. Aber einen Monat nach dem Tod meiner Mutter fiel ich in eine tiefe Depression.

Meine Kindheit war von Fröhlichkeit erfüllt gewesen. Bis ich zwölf war, hatte mein Vater mein Selbstbewusstsein mit Liedern wie *You Are My Sunshine* (Du bist mein Sonnenschein) oder *Let the Sunshine In* (Lass den Sonnenschein herein) gestärkt.

So weit ich zurückdenken kann, wusste ich vom Glauben meiner Mutter. Ihre Eltern waren Evangelisten. Die Gemeinde in Michigan, die sie gründeten, ist jetzt über achtzig Jahre alt. Fünf ihrer sieben Kinder wurden Prediger.

Als meine Mutter vierzehn war, starb ihre über alles geliebte Mutter. Ihre Welt zerbrach. Die Verzweiflung führte zu unüberlegten Entscheidungen, die sie nach Kalifornien brachten, weg von ihrer Familie und ihrem Glauben. Mit neunzehn hatte sie zwei Scheidungen hinter sich. Sie sehnte sich nach einem Menschen, der das Loch in ihrem Herzen ausfüllte.

Ein Jahr später heiratete meine Mutter, Dorcas Roberta Spooner, Robert Vernon Christensen, und sie gelobten sich Treue, »bis dass der Tod uns scheidet«.

Fünf Jahre später wurde ich geboren, und am siebten Hochzeitstag meiner Eltern kamen die Zwillinge Peggy und Paula zur Welt. Wie alle jungen Familien mussten wir ständig darum kämpfen, dass das Geld reichte, aber trotzdem war das Leben schön, und wir waren glücklich – bis der Diabetes uns meinen Vater im Alter von nur zweiundvierzig Jahren raubte.

Ich erinnere mich, wie ich bei seiner Beerdigung meine starke, unabhängige Mutter, die erst siebenunddreißig Jahre alt war, in sich zusammenfallen sah. Ich erlebte mit, wie sie in Verzweiflung stürzte und Angst um unsere Zukunft hatte.

Wenn Paula, Peggy und ich am Morgen aufwachten, fanden wir oft unsere Mutter schlafend, mit einer aufgeschlagenen Bibel auf der Brust. Und in vielen Nächten sahen wir sie betend auf den Knien. Für den Rest ihres Lebens verließ sie sich auf Gott.

Meine Mutter liebte Feiertage, vor allem Weihnachten. Sie setzte alles daran, es für uns drei Töchter zu etwas Besonderem zu machen. Da gab es Strümpfe, die mit allerlei Kleinigkeiten gefüllt waren, neue Schlafanzüge mit Hüttenschuhen, den traditionellen Truthahnbraten und einige ganz besondere Geschenke, für die sie irgendwie das Geld aufgebracht hatte.

Meiner Mutter machte es Spaß, mit uns durch die Gegend zu fahren und beleuchtete Weihnachtsdekorationen anzuschauen. Wir gingen auch zu Krippenspielen in den nahe gelegenen Kirchen. Viele Jahre später, als sie allein lebte, spielte sie auf dem Klavier und sang Weihnachtslieder, nur sich allein und Gott zur Freude.

1995, sieben Tage vor dem Tod meiner Mutter im Alter von siebzig Jahren, traf sich unsere Familie zu einem schönen, aber bittersüßen *Thanksgiving*, dem amerikanischen Erntedankfest. Wir kamen alle in Paulas Haus zusammen, aßen gemeinsam Truthahn, machten Familienspiele und redeten miteinander.

Am Abend fiel meiner Mutter das Lächeln immer schwerer. Der Lungenkrebs, gegen den sie im vergangenen Jahr angekämpft hatte, hatte auf Magen und Gehirn übergegriffen. An diesem Abend hatte er ihre Widerstandskraft gebrochen, dunkle Ringe waren unter ihren Augen.

Wir hatten keine Ahnung, dass Jesus sie innerhalb einer Woche bei sich willkommen heißen würde.

In den Wochen nach ihrer Beerdigung wollte ich mich nicht anziehen, nichts essen, keinen Schritt vor die Tür setzen. Ich hatte keine Lust, Weihnachten zu feiern. Wir hatten keine schön verpackten Geschenke, keinen geschmückten Baum; nichts in unserem Haus erinnerte an die bevorstehenden Feiertage.

Am 22. Dezember saß ich allein in dem dunklen Haus und konnte die Trauer und die Niedergeschlagenheit, die mich überwältigt hatten, nicht abschütteln. Hemmungslos schluchzend rief ich eine Freundin an und bat sie, mir zu helfen. Als sie die Verzweiflung in meiner Stimme hörte, betete sie. Sie bat Gott, meinen Geist zu beruhigen, mich zu trösten, mich zu umhüllen und von allen Seiten zu umgeben. Und sie bat darum, dass ich seine Liebe und Gegenwart fühlen und spüren würde.

Ihr Gebet wurde erhört.

Obwohl ich nicht von ganzem Herzen bei der Sache war, schaffte ich es bis zum Ende des Tages, Geschenke für meinen Mann, für unsere Enkelkinder und für unsere Söhne und ihre Frauen einzukaufen und einzupacken.

Um zehn Uhr abends fiel ich zufrieden und zugleich erschöpft ins Bett, die Augen immer noch geschwollen vom Weinen. Gedanken und schöne Erinnerungen an meine Mutter begleiteten mich in einen tiefen Schlaf.

Plötzlich war ich wach. Mit weit geöffneten Augen lag ich auf dem Rücken. Der digitale Wecker auf dem Nachtschränkchen zeigte 2.45 Uhr.

Ich hörte ein Geräusch und schaute zur Glasschiebetür an der einen Wand des Zimmers. Ein großer weißer Vogel saß auf der Gardinenstange über der Tür.

Ich dachte, meine Augen würden mir einen Streich spielen, und benutzte Daumen und Zeigefinger, um sie weiter aufzuziehen.

Doch es bestand kein Zweifel, dort war ein weißer Vogel, und er saß da, als hätte er einen Auftrag.

Mit einem kurzen Flügelrauschen schwang er sich herab und schwebte über dem Bett. Völlig erschrocken schlug ich mit den Armen wild um mich und versuchte, meinen Mann zu wecken.

Die Flügel des Vogels klangen wie ein rauschender, flüsternder Wind.

Meine Brust hob und senkte sich, aber nicht vor Angst, sondern aus Ehrfurcht.

Der Vogel sprach ein einziges Wort, langsam und erhaben: »Friede!«

Seine Flügel flatterten anmutig, und er sprach weiter: »Friede! Das gilt für dich, Cheryl. Deine Mutter ist im Himmel.«

Mein Herz machte einen Satz in der Brust, ich rang nach Luft. Erst jetzt erkannte ich, dass der Vogel eine Taube war. Mit einem Mal wurde mir bewusst, dass seine Botschaft nur mir allein galt. Vor Staunen über dieses Erlebnis starrte ich vor mich hin, bis ich wieder einschlief mit dem sicheren Gefühl, unendlich geliebt zu sein.

Als ich später am Morgen so ausgeruht wie selten aufwachte, fragte mein Mann: »Was war denn letzte Nacht los?«

Ich setzte zu einer Erklärung an, aber sein Lachen ließ mich verstummen.

Doch ich weiß es.

Es ist völlig egal, ob jemand mir mein Erlebnis glaubt, ich selber weiß es.

Die Worte der Taube schenkten mir eine Gewissheit, die seither mein Leben verändert hat – einen Frieden, der alles Verstehen übersteigt.

Nicht mehr verlassen

Judy Hampton

»Die Gemeinde veranstaltet nächsten Monat ein Ehevertiefungsseminar. Es geht nur anderthalb Tage. Würdest du gern teilnehmen?«, fragte ich meinen Mann Orvy schüchtern. Ich wusste, dass er es wahrscheinlich ablehnen würde.

»Gern!«, rief er.

Ich war verblüfft. Nur zwei Jahre vorher war unsere Ehe völlig am Ende gewesen, alles hatte nach Scheidung ausgesehen.

Vom ersten Tag unserer Ehe an hatten wir uns nicht leicht miteinander getan.

Ich hatte meinen Mann, den Fußballhelden, in der Highschool kennengelernt. Es war Liebe auf den ersten Blick. Wir heirateten kurz nach dem Schulabschluss, was in unserer Gegend nicht besonders ungewöhnlich war. Auch dass ich bei unserer Hochzeit schwanger war, war nichts Außergewöhnliches.

Orvy ging mit einem Fußballstipendium zum College; ich gab mein Studium auf und arbeitete als Sekretärin, damit er seinen Studienabschluss machen konnte. Abends jonglierten wir mit vier Teilzeitjobs.

Ein solches Leben war nicht einfach, und manchmal schafften wir es fast nicht. Wir kamen kaum über die Runden und gingen oft hungrig ins Bett. Um bei der Geburt unseres Babys den Arzt und das Krankenhaus bezahlen zu können, mussten wir vorher Geld zusammensparen.

Einige Monate nach unserer armseligen Hochzeit kam unser Sohn zur Welt. Vom ersten Augenblick an liebten wir ihn, aber diese neue Verantwortung brachte weitere finanzielle Bürden mit sich. Unser Durchhaltevermögen und unser Bankkonto kamen an den Rand der Belastungsgrenze.

Der ständige Gedanke ans Geld und der andauernde Mangel verzehrten mich. Ich sehnte mich nach mehr Sicherheit. Dazu kamen meine Unreife, mein Egoismus und der Neid auf Freunde, die von ihren Eltern finanzielle Unterstützung erhielten. So wurde ich zu einer streitsüchtigen Frau mit enttäuschten Erwartungen.

Mit jedem Jahr ging es in unserer Ehe steiler bergab, bis ich überall sein wollte, nur nicht zu Hause. Unsere einzige Hoffnung war, dass Orvy das College mit einem Diplom in der Tasche verlassen würde, damit sich unser Traum vom besseren Leben erfüllen konnte. Doch kurz vor seiner Abschlussprüfung brach meine Welt vollends zusammen.

Nach der Rückkehr von der Arbeit fand ich einen Brief auf dem Küchentisch: »Judy, ich muss weg und mich selbst finden. Ich weiß nicht, was ich mit meinem Leben anfangen soll, da ich keinen Vertrag als Profi-Fußballer bekommen habe. Es tut mir leid.«

Ich ließ mich auf einen Stuhl fallen. Verlassen worden! Schon wieder! Zwei Tage später stellte ich fest, dass ich schwanger war – schon wieder!

Zum zweiten Mal in meinem Leben flehte ich Gott an, mich sterben zu lassen.

Vernachlässigung und Verlassenwerden hatten mein ganzes Leben geprägt. Schon in jungen Jahren war ich krank vor Sorge, weil mein Vater immer arbeitslos war. Doch ich wusste nicht, dass seine Arbeitslosigkeit von seinem Alkoholproblem herrührte. Meine Mutter verheimlichte seine Sucht genauso wie auch ihren eigenen Alkoholmissbrauch.

Trotzdem war ich ehrgeizig und fest entschlossen, etwas aus meinem Leben zu machen. Mit zwölf Jahren fing ich an, zusammen mit meiner besten Freundin als Putzfrau zu arbeiten. Ich arbeitete nach der Schule und an den Wochenenden, damit ich mir hübsche Kleider und Schuhe kaufen konnte wie meine Freundinnen. Doch meine Mutter verlangte, dass ich mein Geld mit ihr teilte. Ich war am Boden zerstört, händigte ihr aber als pflichtbewusstes Kind von alkoholabhängigen Eltern meinen Lohn aus.

Schon sehr früh in meinem Leben wurde ich dazu erzogen, Mitleid mit meinen Eltern zu haben. Ich lebte mit einer ständigen Angst, weil ich wusste, dass sie nicht gewillt waren, für mich zu sorgen.

Warum musste keine meiner Freundinnen sich Gedanken ums Geld machen, warum musste keine von ihnen arbeiten, um sich Kleider für die Schule kaufen zu können?

Auch emotional fühlte ich mich vernachlässigt. Zwar war ich in der Highschool beliebt – ich war Cheerleaderin, gehörte zu den Ballköniginnen, war Schülersprecherin –, aber meine Eltern kamen nie zu irgendwelchen Veranstaltungen, um mich zu stärken. Was ich machte, interessierte sie nicht.

Schon in der Schulzeit bat ich deshalb Gott zum ersten Mal, mich sterben zu lassen. Aufgrund unserer häuslichen Situation fühlte ich mich von meinen Eltern nicht nur vernachlässigt, sondern auch verraten. Da ich meinen Eltern nicht vertrauen konnte, traute ich niemandem.

Am Tag meiner Schulabschlussfeier hinterließ mein Vater eine Nachricht, in der er seinen Selbstmord ankündigte, und verschwand. Meine Mutter übte daraufhin emotionalen Druck auf uns aus. Sie war im Wohlstand und privilegiert aufgewachsen, und jetzt war sie so weit heruntergekommen. Arbeiten war für sie unter ihrer Würde, deshalb bürdete sie meinem Bruder und mir die Verantwortung für den Lebensunterhalt auf. Verzweifelt und von Angst zerfressen, warf ich mich in die Arme meines Freundes.

Ich dachte, ich würde meinen Vater nie wiedersehen. Aber eines Tages tauchte er einfach wieder auf. Er entschuldigte sich weder für den Schock, den er uns versetzt hatte, noch verlor er auch nur ein einziges Wort über seinen Alkoholismus.

Die Angst wurde mein ständiger Begleiter: die Angst, er könnte wieder verschwinden, die Angst vor Armut und die Angst vor dem Versagen. Gleich nach der Highschool fing ich an, bei einer Hypothekenbank zu arbeiten, aber wieder wurde von mir verlangt, meinen Gehaltsscheck auszuhändigen, um dem armen Papa auszuhelfen.

Zwei Monate nach meinem Schulabschluss hatte ich einen weiteren Grund, vor Angst wie gelähmt zu sein: Ich war schwanger.

Als ich es schließlich meinen Eltern beichtete, ließen sie mich auch diesmal im Stich. Sie warfen mir vor, ich sei eine Schande für die Familie. »Was man sich selbst eingebrockt hat, muss man auch selbst auslöffeln. Von uns kannst du keine Hilfe erwarten.« Sie hielten ihr Wort und unterstützten mich nie. Das machte mich völlig fertig. Obwohl ich so viel getan hatte, um ihnen zu helfen und für sie zu sorgen, ließen sie mich hängen. Ich fiel in ein tiefes Loch und wollte davonlaufen wie mein Vater, aber ich wusste nicht, wohin. Daher gab ich alle meine Träume von einem Studium auf und heiratete.

Als mein Mann mich vier Jahre später verließ, wurde mir klar, dass ich nie mehr einem Menschen vertrauen konnte.

Nachdem Orvy weg war, zog ich wieder zu meinen Eltern. Ein paar Wochen vor der Geburt unserer wunderschönen Tochter bat mich mein Mann um Vergebung. Er versprach, alles zu tun, um wiedergutzumachen, was er mir angetan hatte. Ich glaubte ihm nicht und hatte auch wenig Hoffnung, dass unsere Ehe überleben würde. Aber weil ich verzweifelt war, versöhnten wir uns.

Orvy fand eine gut bezahlte Stelle, und wir zogen in eine größere Wohnung. Wir setzten alles daran, unser zerstörtes Leben wieder zu kitten, aber jeden Tag überfiel mich eine neue Angst. Ich wurde völlig verzehrt von dem Gedanken, ich könnte erneut verlassen werden.

Zwar versuchten wir, eine gute Ehe zu führen, aber es fehlte uns die innere Kraft für eine dauerhafte Veränderung. Wir konnten uns nur anstrengen, mit unseren Schwächen irgendwie klarzukommen. Nach zwei mühevollen Jahren geschah etwas. Ich erhielt einen Anruf von einer Freundin, die immer durch dick und dünn zu mir gehalten hatte.

»Judy, bist du heute Nachmittag zu Hause? Ich würde gern vorbeikommen und die Kinder sehen«, sagte Harriet. Ich war einverstanden.

Nach der Begrüßung setzten Harriet und ich uns zu einer Tasse Kaffee hin, und sie fragte, ob sie mir etwas weitergeben dürfe. »Gerne«, sagte ich.

Harriet zog ein kleines evangelistisches Traktat mit dem Titel *Die vier geistlichen Gesetze* aus ihrer Tasche. Sie fing an, zu lesen. Gleich auf der ersten Seite überwältigte mich die Frage:»Wissen Sie, dass Gott Sie liebt und einen Plan für Ihr Leben hat?«.

Augenblicklich brach ich in Tränen aus. Ich wusste nicht, ob Gott mich liebte oder ob er mich auch verlassen hatte. Als Harriet zu den letzten Seiten des Traktats kam, schluchzte ich. Sie fragte mich freundlich:»Judy, möchtest du beten und Christus als deinen Heiland annehmen?«

Ich nickte zur Bestätigung, und Tränen strömten über meine Wangen.

Während draußen die Blätter ihre Farbe veränderten, veränderte Jesus drinnen in meinem winzigen Wohnzimmer mein Herz. Ich weinte, als ich ihn bat, mir meine Sünden zu vergeben, dankte ihm, dass er für mich gestorben war, und lud ihn freudig in mein Leben ein. Eine genaue Vorstellung von der großartigen Bedeutung meines Gebets hatte ich nicht, aber ich wusste sofort, dass etwas Übernatürliches mit mir geschehen war.

Als ich meiner Freundin zum Abschied nachgewinkt hatte, ging ich wieder ins Haus und sah auf einmal zwei wunderschöne Kinder – Kinder, die ich in meinem selbstsüchtigen Leben nur als Belastung betrachtet hatte. Ich legte die Arme um sie und küsste sie, während ich Gott im Stillen dankte, dass er mir diese beiden Schätze anvertraut hatte. Damals wussten sie das nicht, aber in diesem Moment schenkte Gott meinen Kindern eine neue Mutter.

Ein paar Stunden später kam Orvy von der Arbeit nach Hause. Nach einem kurzen Blick auf mich fragte er:»Was ist hier los? Was ist passiert? Du siehst anders aus.«

Ich sagte ihm, dass ich Christin geworden war.

»Ach so!«, antwortete er nüchtern.»Das hab ich schon mit zwölf Jahren gemacht.«

Da hast du mich aber gut zum Narren gehalten, mein Lieber, dachte ich, sagte aber nichts. Ich wusste, dass sich mein Leben von einem Moment zum anderen verändert hatte.

Ein paar Wochen später begegnete mein Mann ebenfalls Jesus Christus und übergab ihm erneut sein Leben. Gott fing an, unsere tote Ehe wiederzuerwecken und ihr eine neue Grundlage zu geben. Drei Monate nach diesen Veränderungen wurde Orvy nach Texas versetzt. Dort lud uns jemand aus seinem Büro in eine Kirche ein.

Wir erzählten niemandem von unserer schmerzhaften Vergangenheit, weil wir dachten, die Leute würden uns für unsere Eheprobleme und die Tatsache, dass wir hatten heiraten müssen, verurteilen. So verhielten wir uns, als wären wir ganz normale Durchschnittschristen. Ein paar Monate später erfuhren wir von dem Ehevertiefungsseminar.

Am Freitagabend kamen wir in die Kirche. Alle waren freundlich und schienen es mit dem ehelichen Zusammenleben besser zu schaffen als wir. Im Lauf des Abends waren wir allerdings verblüfft, wie viele Paare offen über ihre Eheprobleme sprachen und darüber, wie Jesus sie verändert hatte. Wir schauten uns an, und unsere Blicke drückten aus: »Ich dachte, wir wären die einzigen Menschen auf der Welt mit solchen Problemen.«

Der Abend war gefüllt mit spannenden Zeugnissen über Lebensveränderungen und neue Anfänge. Wir hörten wie gebannt zu und kamen am nächsten Morgen mit großen Erwartungen wieder zur Kirche. Der Tag verging wie im Flug.

»Wenn das Seminar jetzt zu Ende geht, wollen wir Sie ermutigen, in den Altarraum zu gehen, immer ein Paar nach dem anderen, und dort zusammen zu beten«, erklärte der Leiter. Seit wir uns kannten, hatten wir noch nie zusammen gebetet!

Wir bewegten uns zum Altarraum, ein wenig beschämt über unser gebetsloses Leben. Als wir ziemlich unsicher in den Raum traten, war er leer. Ein sanftes Licht hinter einem großen Holzkreuz beleuchtete den Ort. Vor dem Altar fassten wir uns an den Händen und knieten uns unbeholfen hin, um zu beten.

Bevor wir ein Wort herausbrachten, kam jemand von hinten dazu und drückte sich an uns. Er legte seine Arme um uns und fing an, zu beten.

Wer ist dieser Mann?, fragte ich mich.

Der Fremde sprach im Gebet Dinge aus, die wir keiner Menschenseele erzählt hatten: unsere beschämende Vergangenheit, unsere schwierige Ehe und die Jahre voller Kämpfe, verlorener Träume und der Trennung. Er bat Gott, unsere Ehe zu heilen, und ermutigte uns, ihn von ganzem Herzen zu suchen und darauf zu vertrauen, dass er uns alles geben würde, was wir brauchten. Schließlich betete er darum, dass wir die Vergangenheit hinter uns lassen und unsere Zukunft Gott anvertrauen würden.

Seine Stimme war so wohltuend, seine Worte voller Liebe. Ich wollte mich unbedingt umdrehen und einen Blick auf ihn erhaschen, aber ich war zu gebannt von seiner Gegenwart. Tränen flossen über meine Wangen. Tränen einer Freude, wie ich sie noch nie erlebt hatte.

Als er fertig war, standen wir auf und drehten uns um, um diesem kostbaren Menschen zu danken, aber es war niemand da. Wir waren ganz allein in dem dämmrig beleuchteten Altarraum.

Es dauerte eine Weile, bis wir begriffen, was an diesem Tag geschehen war. Wir waren vom Engel des Herrn besucht worden. Bis heute erinnern wir uns mit großer Freude an unsere Zeit mit dem unerwarteten Besucher.

Wir sind dankbar, dass Gott unsere Zukunft nicht von unserer Vergangenheit abhängig macht. Er macht alles neu. Dieses Jahr feiern wir zweiundfünfzig Ehejahre.

Wer hat den Wind gehört?

Betty Johnson Dalrymple

Wie in Trance ging ich zum Fenster und beobachtete, wie die Sonne über den Bergen unterging.

»Liebling«, flüsterte ich meiner Tochter Richelle zu. »Ich bin Witwe. Kannst du das glauben? Ich, das kleine Mädchen, das nie gern allein war, ich, die angsterfüllte Mutter, die oft auf deinem Gästebett schlief, wenn dein Vater unterwegs war.« Ich hielt inne und fügte dann hinzu: »Er wusste von meinen Ängsten und besonders von den Albträumen, aber jetzt ist er fort.«

Ich weinte.

Zwölf Stunden zuvor, um halb sechs Uhr morgens, hatte der Arzt mich mit einer sanften Berührung an der Schulter geweckt und geflüstert: »Mrs Johnson, Ihr Mann atmet nicht mehr, und sein Herz schlägt nicht mehr. Kommen Sie.«

Benommen ließ ich mich von ihm an der Hand nehmen und aus dem Krankenzimmer hinaus zu einem Stuhl neben der Tür führen. Dort setzte ich mich hin.

In den vergangenen Nächten hatte ich auf einem Feldbett in Richards Zimmer geschlafen. Mein Verstand hatte mir gesagt, dass unser Feind, der Darmkrebs, im Begriff stand, den Kampf zu gewinnen.

Innerlich hatte ich jedoch immer noch nicht geglaubt, dass irgendjemand oder irgendeine Krankheit stärker sein könnte als mein großer, gesunder Ehemann, der alles konnte. Schließlich kannten wir einander seit der ersten Klasse und waren jetzt vierundsechzig Jahre verheiratet.

Selbst als der grün gekleidete Chirurg vor vier Monaten erklärte hatte: »Es gibt keine Hoffnung mehr. Der Krebs hat Metastasen gebildet. Es bleiben ihm nur noch Tage, vielleicht Wochen, im besten Fall ein paar Monate«, hatte ich nicht daran geglaubt, dass es keine Hoffnung mehr gab. Wie hätte ich das glauben können?

»Wir sind eine gläubige Familie«, hatte ich schluchzend hervorgebracht. »Es gibt immer Hoffnung.«

»Du bist nicht allein, Mama.« Richelle holte mich zurück in die Gegenwart und beruhigte mich mit einer Umarmung. »Ich bleibe diese Nacht bei dir. Sobald alle weg sind, richten wir das Bett im Gästezimmer. Es war ein langer Tag für uns alle«, sagte sie und wischte sich die Tränen ab.

Bald verabschiedeten sich unsere anderen beiden Kinder und die engsten Freunde, die den Tag mit uns verbracht hatten. Sie versprachen mir alle, mich nach besten Kräften zu unterstützen. »Wir werden für dich da sein«, beteuerten sie.

»Danke«, murmelte ich, aber insgeheim lehnte ich mich dagegen auf. *Ich will Richard bei mir haben. Er versteht meine Probleme, meine Ängste und meine Sorgen. Er weiß, dass er wie eine Schmusedecke für mich ist. Der, auf den ich mich verlasse, der für meine Sicherheit sorgt.*

Jetzt waren meine Tochter und ich allein. Wir standen da, schauten aus dem Fenster und lauschten dem ohrenbetäubenden Schweigen.

»Mama, du weißt, dass wir nicht allein sind«, versuchte Richelle wieder, mich zu beruhigen. »Du hast uns doch immer gelehrt, dass Gott uns nie verlassen oder von uns weichen wird. An diesem Glauben müssen wir uns jetzt festhalten.« Dann fügte sie hinzu: »Und ich glaube, Papa ist außerdem im Geist immer noch bei uns.«

»Danke«, sagte ich. »Wir müssen uns immer wieder gegenseitig an diese Wahrheiten erinnern.«

»Ist es dir recht, wenn ich im Gästezimmer übernachte, oder möchtest du lieber, dass ich bei dir schlafe?«

»Ich glaube, ich wäre gern allein«, antwortete ich. »Das bedeutet zwar, du bist am einen Ende vom Haus und ich am anderen, aber ich brauche einfach Zeit, um Gott ein paar von meinen Warum-Fragen zu stellen.«

»Ich weiß, wie wichtig es dir ist, dass alle Türen abgeschlossen sind«, sagte Richelle. »Du kommst bestimmt besser zur Ruhe, wenn du dir sicher bist, dass alles ordentlich verriegelt ist. Komm, wir gehen nach unten und überprüfen die Glasschiebetür.«

Wir gingen die Treppe hinunter und verriegelten die Fenster, dann kamen wir wieder nach oben und schauten nach den Schlössern im Erdgeschoss. Als wir die Tür zur Veranda verschlossen hatten, sagte ich:»Ich bin froh, dass wir nie eine Treppe von unten zur Veranda hoch gebaut haben. So fühle ich mich sicherer; jetzt, wo ich allein bin, umso mehr.«

»Gute Nacht, Mama. Ich hab dich lieb«, sagte meine Tochter und umarmte mich.

»Ich dich auch«, erwiderte ich.»Ich bin so froh, dich zu haben, und bin dir sehr dankbar, dass du diese Nacht bei mir bleibst.«

Nachdem ich mich mehrmals herumgewälzt und Gott um Trost angefleht hatte, weinte ich mich schließlich in den Schlaf.

Musik. Ich höre Musik. Ich wachte auf und lauschte. *Es klingt wie Glockenschläge.*

Ich setzte mich auf. Die Glocken läuteten weiter, und ich hörte ein Geräusch in der Küche. Auf Zehenspitzen huschte ich zur Küche, wo Richelle stand und mit großen Augen auf die offene Tür zur Veranda starrte.

»Kannst du das glauben, Mama? Ich hörte die Glocken und öffnete die Gästezimmertür. Dann fühlte ich einen Wind auf meinen Wangen und überlegte, woher der wohl kam«, stammelte sie.»Schau, die Tür ist weit offen. Wir haben sie doch abgeschlossen, erinnerst du dich? Ich weiß es bestimmt.«

»Ich … ich weiß nicht, was hier los ist.« Ich rang um Worte und starrte auf die Tür.»Wie viel Uhr ist es?«

»Die Uhr auf dem Herd zeigt halb sechs an«, antwortete sie.

Langsam fing ich an, zu lächeln.

»Vierundzwanzig Stunden. Dein Vater ist seit einem ganzen Tag nicht mehr da. Meinst du, der Heilige Geist ist gekommen, um nach uns zu sehen und uns die Gewissheit zu geben, dass Richard jetzt bei Gott ist und dass Gott uns behüten wird?«

»Mama, glaubst du das wirklich?«

57

»Ja«, antwortete ich. »Ich glaube, wir haben gerade den Wind des Heiligen Geistes erlebt.«

Gott muss gewusst haben, dass diese tröstliche Begebenheit noch nicht ausreichte, um mir genug Frieden und Kraft für die nächsten Tage zu geben; ich brauchte noch mal eine Bestätigung für seine ständige Gegenwart.

Zwei Wochen später blieb mein elfjähriger Enkel über Nacht bei mir. Bevor wir ins Bett gingen, forderte er mich zu einer Runde Karten heraus. Wir hatten ein aufregendes Spiel, dann ging ich zu meiner üblichen Abendroutine über. Ich verschloss die Türen, redete mit Gott, wälzte mich hin und her und schlief schließlich ein.

Plötzlich rüttelten starke Windstöße an meinem Schlafzimmerfenster und weckten mich auf.

Puh, da wird ja richtig schlechtes Wetter in unsere Richtung geweht, dachte ich. Da es in Colorado Winter war, war das nicht ungewöhnlich.

Als ich am nächsten Morgen in die Küche kam, saß mein Enkel dort und starrte auf die offene Verandatür.

»Schau mal, Oma«, sagte er. »Die Tür ist offen, und unsere Karten sind über den ganzen Tisch und den Boden verstreut.«

Ich sah nach draußen. Die Bäume standen ruhig da. Nirgendwo ein Anzeichen für einen Sturm.

»Was ist los, Oma? Warum weinst du?«, fragte er.

»Das sind Tränen der Dankbarkeit.« Ich lächelte. »Ich denke, da ist Gott vielleicht zu Besuch gekommen, um uns wissen zu lassen, dass er immer noch auf uns achtgibt«, fügte ich hinzu.

»Wirklich, Oma?«, sagte er. »Das ist ja toll!«

Nachdem er zur Schule aufgebrochen war, wollte ich eine Bestätigung für meinen Ehrfurcht gebietenden nächtlichen Besucher, deshalb rief ich meine Nachbarin an und fragte: »Hast du gehört, wie der Wind heute Nacht getobt hat? Meine Fenster haben so laut geklappert, dass ich davon aufgewacht bin.«

»Nein, ich habe keinen Wind gehört«, erwiderte sie. Dann fragte sie ihren Mann. »Nein, er hat auch nichts gehört«, ergänzte sie.

Ich konnte es kaum erwarten, meinen nächsten Anruf zu tätigen. »Richelle, was meinst du, wer mich heute Nacht besucht hat?«, fragte ich. »Hast du heute Morgen gegen fünf Uhr den Wind gehört?«

»Nein. Hast du ihn gehört?«, wollte sie wissen. Ich hörte die Hoffnung in ihrer Stimme.

Als ich ihr von der offenen Verandatür und den verstreuten Karten auf dem Boden erzählt hatte, murmelte sie: »Danke, Gott, dass du deinen Boten geschickt hast.«

»Ja«, antwortete ich. »Der Wind des Heiligen Geistes setzt seine beruhigenden Besuche fort. Er erinnert uns immer wieder daran, dass Gottes Zusage wahr ist: *Ich werde dich nie verlassen und dich nicht im Stich lassen* (Hebräer 13,5).«

Der mitternächtliche Reisende

Linda Howton, so wie es Joyce Gatton erzählt wurde

In meiner Stelle in der EDV-Abteilung der Verwaltung einer Lebens-mittelauslieferung hatte ich immer wieder Spätschicht. Abgesehen von den gelegentlichen Besuchen eines streunenden Hundes oder der kleinen Baumfrösche, die im Sommer ungeladen durch die offe-ne Hintertür hüpften, passierte in meinem Büro wenig Nennenswer-tes.

Zählt man das unabsichtliche Zertreten einiger Frösche dazu, gab es wohl etliche Morde, aber die Mordfälle waren durch die kleinen Froschhände, die unter den Schuhen des Mörders am Rand hervor-lugten, unschwer aufzuklären.

So zog sich die Arbeit in meiner Schicht von Nacht zu Nacht meist ereignislos dahin. Meine Arbeitswoche begann am Sonntagabend. Weil wir so spät arbeiteten, herrschte bei uns normalerweise eine entspannte Stimmung, und ich verstand mich gut mit den drei an-deren Mitarbeitern. Doch wenn es Zeit wurde, die Arbeit des Tages an die nächste Schicht weiterzugeben, waren wir trotzdem immer froh, wenn die Stechuhr endlich Mitternacht schlug und wir uns auf den Heimweg machen konnten.

Zunächst unterschied sich jener Sonntag im November nicht von sonstigen Sonntagen. Wir vier gingen wie immer gemeinsam hinaus zu unseren Autos, die vor dem gut beleuchteten Büro geparkt waren. In dieser kalten Novembernacht plauderte ich auf dem Weg zu mei-nem Auto noch mit meinem Vorgesetzten. Wir wünschten uns ge-genseitig eine gute Nacht; er ging zu seinem Wagen, ein paar Plätze entfernt, ich öffnete meine Autotür. Beim Einatmen der kalten No-vemberluft freute ich mich auf mein warmes Bett. Ich war froh, dass ich die vierundzwanzig Kilometer nach Hause zügig in meinem neu-en *Chevrolet Lumina* zurücklegen konnte.

Das Licht im Wageninneren ging an, und mein Blick streifte die leere Rückbank, bevor ich hinters Lenkrad glitt. Ich fuhr rückwärts aus dem Parkplatz heraus und machte mich auf den Heimweg. Aus der Zufahrtsstraße bog ich auf die Hauptstraße, die nach Norden und Süden führte. Die vier Türen meines Wagens hatten sich automatisch verriegelt, das gab mir genügend Sicherheit, wenn ich allein fuhr. Die Strecke kannte ich nun schon seit zwanzig Jahren. Ich bewegte mich Richtung Norden über die Brücke, die den Fluss Kansas überquerte, und verließ dann die Straße bei der Ausfahrt zum Highway K-32.

Als ich der Biegung der Ausfahrt folgte, nahm ich plötzlich die Anwesenheit einer Person im Auto wahr. Ich wusste, dass das nicht sein konnte. Mein Wagen war eindeutig leer gewesen, als ich ihn auf dem Parkplatz aufgeschlossen hatte.

Doch das Gefühl, dass da noch jemand war, wurde immer stärker. Aber was noch merkwürdiger war: Ich hatte überhaupt keine Angst.

Ich fuhr weiter in die Richtung, wo ich wohnte, und kam auf den geteilten Highway. Dass ich keine anderen Fahrzeuge sah, war zu dieser Nachtzeit normal. Der Fluss und die Eisenbahnschienen verliefen entlang meiner Straße auf der linken Seite, ein paar geschlossene Geschäfte befanden sich auf der rechten Seite. Eine kleine Bäckerei, ein Autohändler, ein Lebensmittelladen, die Post und ein paar Bars waren alle dunkel. Hohe Straßenlaternen beleuchteten die Fahrbahn und mein Auto.

Nach einiger Zeit konnte ich nicht mehr anders, als mich umzudrehen und nachzuschauen, wer sich da auf meiner Rückbank befand. Hinter dem Beifahrersitz saß ein junger Mann, so etwa Anfang zwanzig. Er lächelte mich an, als wäre er hocherfreut, bei mir im Auto zu sitzen, sagte aber kein Wort.

Der Mann hatte kurze braune Haare und einen sehr gepflegten braunen Bart. Er trug einen schweren Tweedmantel mit Kragen, der vorn zugeknöpft war. Alles wirkte makellos. Seine Hände konnte ich zwar nicht sehen, aber sie schienen ruhig in seinem Schoß zu liegen. Ich fuhr etwa 90, so musste ich mich wieder nach vorne drehen und auf die Straße achten. Beim Weiterfahren bemerkte ich das tote Gras des Grünstreifens. Die Geschäfte wurden immer weniger, und die Häuser lagen nun ein großes Stück vom Highway entfernt.

Ich wusste, dass ich nicht träumte. Ich nahm die Landschaft, durch die ich kam, deutlich wahr. Aber ich reiste mit einem Mann, der eindeutig kein Sterblicher war. Dies versetzte mich in ein außergewöhnliches Hochgefühl. *Da ist ein Mann in meinem Auto! Da ist ein Mann in meinem Auto! Da ist ein Mann in meinem Auto,* sagte ich mir immer wieder. Es war, als würde ich den Text eines Liedes unaufhörlich wiederholen. Ich drehte mich um, um ihn wieder anzusehen. Er hatte immer noch das erfreute Lächeln im Gesicht, und ich fühlte einen unglaublichen Frieden. Eine so unvorstellbare Ruhe hatte ich in meinem ganzen Leben noch nie gespürt. Ich war so überwältigt von der Freude in seinem Gesicht, dass ich überhaupt nicht auf den Gedanken kam, ihn zu fragen, wer er war und warum er hier war. Je länger ich fuhr, desto stärker breitete sich das Gefühl von Frieden, Freude und Ruhe in mir aus.

Ein paar Minuten später schaute ich wieder zu dem Mann hin. Er sprach mit mir, allerdings nicht mit einer hörbaren Stimme, sondern von seinem Geist zu meinem. »Ich fahre einfach eine Weile bei dir mit.«

Es war höchst erstaunlich. Wer würde mir das jemals glauben? Sicher niemand mit gesundem Menschenverstand. Ich fuhr weiter und drehte mich wieder zu dem Mann um. Dasselbe freudige Lächeln begrüßte mich. Meine Gesichtsmuskeln fingen an, zu ermüden; mir wurde bewusst, dass ich schon die ganze Zeit, seit ich seine Gegenwart spürte, breit lächelte.

Weil ich nach wie vor verblüfft war über sein Erscheinen und dazu ganz erfüllt mit völliger Ruhe, kam es mir immer noch nicht in den Sinn, ihn zu fragen, warum er da war. Aber ich musste keine Frage stellen, um zu wissen, dass er nicht aus Kansas stammte.

Die Gegend um mich her wurde allmählich wieder etwas bewohnter. Als ich immer noch ein paar Kilometer von zu Hause entfernt war, kam ich in die kleine Stadt Edwardsville mit ihrer einzigen Ampel. Ich hielt an und wusste plötzlich, dass der Mann nicht mehr in meinem Wagen war. Das überwältigende Gefühl seiner Gegenwart war verschwunden.

Aus Angst, man könnte mich für verrückt halten, erzählte ich einige Wochen lang nicht einmal meinem Mann von diesem Erlebnis. Nach und nach sprach ich mit einzelnen Menschen darüber, von denen ich annahm, dass sie mich nicht in eine Anstalt einweisen lassen würden. Eine Person riet mir, es niemandem zu erzählen, das machte mich noch vorsichtiger.

Ein weiterer Grund meiner Zurückhaltung war, dass ich jedes Mal anfing, zu weinen, wenn ich das Erlebnis erzählte – nicht aus Traurigkeit, sondern aus Rührung.

Ich bin diese Strecke unzählige Male zu allen möglichen nächtlichen Zeiten gefahren. Weder davor noch in den neun Jahren danach ist mir noch einmal jemand erschienen. Ich kann nur vermuten, dass Gott diesen Mann schickte, um mich in jener Nacht vor irgendeiner Gefahr auf dem Weg zu bewahren, einer Gefahr, von der ich keine Ahnung haben konnte.

Ich habe den Versuch nicht aufgegeben, hinter das Warum zu kommen. Manchmal, wenn ich allein unterwegs bin, denke ich daran. In Zeiten, wo ich anfange, an Gott zu zweifeln, lenkt er meine Gedanken augenblicklich zu jener Nacht zurück. Dann erinnere ich mich an das Gesicht des Mannes und an den Frieden, der sich in mir ausbreitete. Der Gedanke daran gibt mir jedes Mal einen ganz besonderen Trost.

Eine Aufgabe der Engel ist es, uns zu beschützen, und ich glaube, dass einer von ihnen den Auftrag hatte, auf dieser dunklen, einsamen Straße »einfach eine Weile« bei mir mitzufahren. Warum, das werde ich in diesem Leben niemals völlig begreifen.

Die geheimnisvolle Blondine

M. Jeanette Sharp

Die große, schlanke Blondine wischte sich die Augen, als sie an dem schmalen Fenster neben der Eingangstür zur Praxis im neunten Stock des Ärztehauses vorbeieilte. Der aufgestellte Kragen ihres schwarzen Mantels verdeckte ihr Gesicht, sodass ich nicht sehen konnte, wer sie war. Die einzige Tür, die es dort hinten noch gab, war der private Zugang, den meine Schwester für ihr Sprechzimmer verwendete.

Ich überflog den Kalender, aber es war kein Termin eingetragen, und so hatte ich keinen Anhaltspunkt, wer die geheimnisvolle Frau sein könnte. Die Sache weckte meine Neugier.

Das ist sicher eine verzweifelte Patientin, die nicht möchte, dass jemand von ihrem Besuch bei der Psychiaterin erfährt, dachte ich so bei mir.

Ich arbeitete normalerweise nicht in der Praxis meiner Schwester. Heute früh hatte jedoch ein Anruf von ihr meine Morgenandacht unterbrochen.

»Jeanette, Chris will heute freihaben, deshalb bräuchte ich deine Hilfe. Kannst du für sie einspringen?«, hatte sie gefragt.

Ich hatte einen kurzen Blick auf meinen Terminkalender geworfen. »Das geht. Also dann bis neun.«

Die runde Küchenuhr zeigte sieben Uhr an, so hatte ich genug Zeit, um meine Andacht zu beenden, zu frühstücken und meinen morgendlichen Pflichten nachzugehen. Danach eilte ich zur Praxis meiner Schwester, wo ich gelegentlich als Sprechstundenhilfe aushalf.

Das medizinische Zentrum, in dem Twilahs Praxis untergebracht war, lag auf einem Hügel oberhalb der Stadt.

Ich fuhr meinen Wagen auf Chris' leeren Parkplatz und betrat das Gebäude.

Mit den Schlüsseln in der Hand öffnete ich die Tür zur Praxis und trat ein. Mein Blick schweifte über verstreute Zeitschriften, zerknüllte Kaugummipapiere, benutzte Kaffeetassen und Stühle, die kreuz und quer herumstanden. Damit war klar, dass ich als Erstes den Empfangsbereich in Ordnung zu bringen hatte. Anschließend machte ich eine frische Kanne Kaffee, wählte eine CD mit Vivaldis *Vier Jahreszeiten* aus und drückte den Startknopf an der Stereoanlage.

Die Tür im Zimmer nebenan knackte und verriet mir, dass meine Schwester eingetroffen war. Wenige Minuten später kam sie um die Ecke. »Hallo Jeanette. Der Kaffee duftet wunderbar. Ich hab zwar zu Hause schon eine Tasse getrunken, aber dem Aroma von frisch gebrühtem Kaffee kann ich bekanntlich nicht widerstehen.«

»Du bekommst gleich eine Tasse mit Milch und Zucker, ganz nach deinem Geschmack.«

»Irgendwelche Nachrichten?«

»Der telefonische Antwortdienst hat drei Anrufe weitergeleitet. Ich bringe dir die Nachrichten zusammen mit deinem Kaffee.«

Nachdem ich Twilah den Kaffee und die Nachrichten gebracht hatte, umarmte ich sie erst einmal. Sie betrachtete die Liste der Anrufe und sagte: »Da muss ich zurückrufen. Wenn der Erste kommt, sag ihm, er soll bitte ein paar Minuten Platz nehmen. Ich gebe dir Bescheid, wenn ich so weit bin.«

Kurze Zeit später begrüßte ich den ersten Patienten des Tages. »Guten Morgen, Mr Simmons. Dr. Fox kommt gleich. Darf ich Ihnen eine Tasse Kaffee anbieten?«

Der Vormittag verging wie im Flug. Patienten kamen und gingen, ich hatte viel zu tun. Gegen Mittag tat mein Magen knurrend seine Unzufriedenheit kund. Normalerweise gingen Twilah und ich gemeinsam irgendwo zum Essen, aber heute war das anders. Die Tür zu ihrem Beratungszimmer blieb geschlossen.

Und dann sah ich die geheimnisvolle Blondine zu Twilahs Praxis eilen. Ihr verstohlener Besuch hatte wohl etwas mit den Nachrichten zu tun, die der Antwortdienst weitergeleitet hatte, reimte ich mir zusammen.

65

Als ich noch über diese mysteriöse Frau nachdachte, ging die Tür des Beratungszimmers auf, und Twilah kam mit der Geldbörse in der Hand auf die Empfangstheke zu. »Gehen wir zum Essen ins Bistro. Ich sterbe vor Hunger.«

»Klingt gut.«

Über die geheimnisvolle Besucherin sagte sie nichts.

Nach dem Mittagessen ging der Nachmittag schnell vorbei. Wir schlossen die Praxis dienstags schon um 15 Uhr, damit Twilah genug Zeit hatte, sich für die Bibelstunde vorzubereiten, die sie am Abend leitete.

Ich hatte vor, wie jeden Dienstagabend früh zu erscheinen, um mir für das Bibelstudium meinen üblichen Platz in der ersten Reihe zu sichern, aber ich wurde aufgehalten. Die Klänge von Anbetungsmusik kamen mir schon auf dem Parkplatz entgegen. Rasch glitt ich auf einen Stuhl im hinteren Bereich des Raums und stimmte in den Gesang mit ein. Als die Musik vorbei war, ließ ich meinen Blick umherschweifen. In diesem Moment sah ich Kathy Monroe mit einem neugeborenen Baby im Arm. Das überraschte mich, denn die Monroes hatten keine Kinder.

Die Monroes waren neu in der Bibelstunde. Ich hatte sie zwar noch nicht persönlich kennengelernt, wusste aber, dass ihnen eine Möbelhauskette gehörte; ich sah oft ihre Fernsehwerbung. Ricks große Gestalt mit den dunklen Haaren und dem olivfarbenen Teint stand im Kontrast zu Kathys sanften blauen Augen, der hellen Haut und den fein geschnittenen Gesichtszügen. Sie waren ein auffälliges Paar.

Als ich mich noch mal nach vertrauten Gesichtern umsah, traf mein Blick wieder auf Kathy, aber dieses Mal war da kein Baby!

Ich versuchte, mir einen Reim darauf zu machen. Hatten meine Augen mich getäuscht? Hatte ich mich geirrt? Weder sie noch Rick hielten ein Baby im Arm, und auch nirgendwo in ihrer Nähe war ein Baby. Aber ich wusste ganz bestimmt, dass ich sie mit einem Baby im Arm gesehen hatte!

Die Bibelstunde ging völlig an mir vorbei. Meine ganze Konzentration galt dem Versuch, eine logische Erklärung für das zu finden, was ich gesehen hatte. In Gedanken ging ich das mysteriöse Geschehen wieder und wieder durch.

Twilahs abschließendes Amen holte mich zurück in die Gegenwart. Die Menschen packten ihre Sachen zusammen und machten sich zum Aufbruch bereit. Ein paar hielten sich noch in Twilahs Nähe auf, um über das Thema der Bibelstunde zu sprechen, andere plauderten mit Freunden, während sie sich im Schneckentempo zur Tür bewegten.

Ich versuchte, zu Twilah zu gelangen. Der Strom der Menschen, die mir auf dem Weg nach draußen entgegenkamen, bremste mich. Aber ich brauchte dringend eine Erklärung für mein seltsames Erlebnis, und als ich Twilah erreichte, sagte ich gleich:»Mir ist heute Abend etwas passiert, was ich mir gar nicht erklären kann. Ich habe Kathy Monroe mit einem neugeborenen Baby im Arm gesehen.«

»Geh und erzähl ihr das, das ist wichtig für sie!«, bedrängte mich Twilah.

Ich sah, wie die Monroes langsam den Gang zur Tür entlanggingen. Ermutigt durch Twilahs Aufforderung, ging ich auf sie zu. Ich streckte Kathy die Hand hin und sagte:»Hallo, ich glaube, wir kennen uns noch nicht. Ich bin Jeanette Sharp, die Schwester von Dr. Fox.«

Ihre herzliche Reaktion erleichterte mir den nächsten Satz.»Kathy, während der Bibelstunde heute Abend hatte ich ein seltsames Erlebnis. Ich sah Sie mit einem neugeborenen Baby im Arm.«

Kathy schlug sich die Hand vor den Mund, und Tränen schossen ihr in die Augen. Sie sah von mir zu Rick. Ihre leuchtenden Gesichter sprachen Bände.

Twilah trat lächelnd zu uns.»Hast du es ihnen gesagt?«

»Ja.«

»Kathy, ich würde Jeanette gern die ganze Geschichte erzählen.«

Kathy nickte zustimmend.

»Heute Vormittag kam Kathy kurz vor unserem Mittagessen zu mir«, erklärte Twilah.»Sie hatte in der Vergangenheit einige Fehlgeburten und ist jetzt wieder schwanger. Gestern zeigten sich Symptome, die befürchten ließen, dass sie dieses Baby auch verlieren könnte. Deshalb habe ich heute mit ihr für eine normale Schwangerschaft und für die Geburt eines gesunden Kindes gebetet.«

»Dann sind Sie also die geheimnisvolle blonde Frau, die ich heute Vormittag gesehen habe!«

Erfüllt mit neuem Frieden gingen die Monroes an diesem Abend nach Hause, mit der zuversichtlichen Gewissheit, dass ihre Gebete erhört worden waren.

Auf dem Heimweg dachte ich noch mal über alles nach, und Gottes Größe weckte eine tiefe Ehrfurcht in mir.

Acht Monate später brachte Kathy ein gesundes Baby zur Welt, genau wie der Herr es mir gezeigt hatte, und ich dachte an Joel 3,1-2:

»In den letzten Tagen«, spricht Gott, »werde ich meinen Geist über alle Menschen ausgießen. Eure Söhne und Töchter werden weissagen, eure alten Männer werden prophetische Träume und eure jungen Männer Visionen haben. In diesen Tagen werde ich meinen Geist sogar über alle meine Diener, ob Mann oder Frau, ausgießen, und sie werden weissagen.«

Es begeisterte mich, dass der Heilige Geist auch heute noch Bilder schenkt, um Menschen, die in Not sind, zu stärken. Dass er mich dabei gebraucht hatte, konnte ich kaum fassen, aber es machte mich auch demütig.

Der Engel an der Wand

Carolyn D. Poindexter

Unsere Ehe war in höchster Gefahr. An jeder Ecke hatten wir zu kämpfen: Konflikte mit der Verwandtschaft, finanzielle Engpässe und, kaum verheiratet, zwei Kinder sehr nah aufeinander. Diese Umstände erstickten unsere Träume und Erwartungen schon bald nach den Flitterwochen.

Wir waren noch sehr jung, gerade drei Jahre verheiratet und hatten zwei kleine Mädchen zu versorgen. Mit einem geringen Einkommen haushalten zu müssen, setzte uns völlig unter Druck. In der Anfangszeit unserer Beziehung, als wir davon geträumt hatten, wie es sein würde, verheiratet zu sein, hatten wir geglaubt, wir bräuchten uns vor nichts zu fürchten, die Liebe würde uns schon durchbringen.

Aber bald kam die harte Wirklichkeit, und mit ihr kamen immer häufiger Meinungsverschiedenheiten – bis wir uns schließlich für eine Trennung entschieden. Entnervt zog ich wieder bei meinen Eltern ein, war mir aber noch unklar darüber, ob ich an meiner Ehe festhalten sollte oder nicht.

Zwar versuchten wir mit allen Kräften, die Risse zu kitten, aber dann verlor Michael seine Stelle. Wir waren nicht mehr in der Lage, die Miete und die Rechnungen zu bezahlen, was zu neuen Auseinandersetzungen führte. Wir redeten über Versöhnung, konnten uns jedoch nicht einmal darüber einigen, welche Schwierigkeiten uns dabei am meisten im Weg standen.

Die Liebe war kein Problem. Ohne Zweifel liebten wir einander sehr und wollten eine gute Ehe führen. Aber Michaels Jobverlust ließ den Traum, wieder zusammenzuziehen, in weite Ferne rücken. Wir waren jung und ließen uns leicht von äußerlichen Idealvorstellungen beeinflussen. In dieser Situation schienen all unsere Gebete ohne Antwort zu bleiben.

Um wenigstens zu versuchen, etwas zu reparieren, was vielleicht unwiderruflich kaputtgegangen war, gingen wir zusammen zu einem wöchentlichen Bibelkreis im Haus einer Freundin. Wir freuten uns an der Kraft, die von den erfahreneren Mitgliedern dieser Gruppe ausging.

An einem Abend hatten wir einen neuen Besucher – einen Pastor, den mein Mann noch von der Schule her kannte, aber seither nicht mehr gesehen hatte. Bevor wir mit dem Bibelstudium begannen, schwelgten die beiden in alten Erinnerungen an die Schulzeit und erfreuten sich an dem Thema:»Was wurde eigentlich aus …«.

Als Alex meinen Mann nach seinem Ergehen fragte, erzählte dieser von unserer Trennung, vom Verlust seiner Arbeitsstelle und von der Suche nach einer neuen Anstellung, damit wir unser Leben wieder gemeinsam in den Griff bekämen.

»O Mann, das tut mir aber leid. Ihr wirkt wie ein glückliches Paar. Ich hätte nie vermutet, dass ihr so viel durchmachen müsst. Aber es ist gut, dass ihr Gott weiterhin in eurem Leben behaltet. Und solange ihr euch liebt, könnt ihr das zusammen schaffen«, sagte Alex.

»Ja«, klinkte ich mich ein,»aber wir haben den Eindruck, je mehr wir beten, desto schlimmer wird alles.«

Michael stimmte mir zu und hielt meine Hand.

»Habt ihr schon einmal versucht, zu fasten?«, fragte Alex.

»Nein, was hat es damit auf sich?«, wollte Michael wissen.

Dieses Gespräch führte an jenem Abend zu einem Bibelstudium über Fasten und Beten. Ich hatte früher schon gefastet und wusste, dass dieses Opfer etwas Positives bewirken konnte.

Mein Mann beschloss, noch am gleichen Abend mit dem Fasten anzufangen, und ich nahm mir vor, mit ihm zu fasten, sagte aber nichts. Ich wollte meine Ehe zurückhaben, und dies war ein letzter, verzweifelter Versuch, sie zu heilen. Alles andere hatte offensichtlich nichts gebracht, und ich wollte wissen, was ich tun musste, damit alles gut würde, und ob ich mit meinen Gebeten auf der richtigen Spur war.

Mehr als je zuvor musste ich Klarheit gewinnen, ob es uns gelingen konnte, und wenn ja, wie. Vertrauen war nötig, um zu glauben, dass das Fasten helfen würde. Ich stand vor der Entscheidung, ob ich meine Ehe fortsetzen und alles für ihr Gelingen investieren wollte, oder ob ich versuchen sollte, allein mit meinen Mädchen zurechtzukommen, die damals erst ein und zwei Jahre alt waren. Dass keine dieser beiden Möglichkeiten leicht wäre, war mir klar.

Später an diesem Abend sagte ich den Kindern Gute Nacht und ging dann selbst ins Bett. Ich betete, bis ich einschlief. Kurze Zeit später öffnete ich meine Augen, ohne zu wissen, warum. Normalerweise brauchte ich ein oder zwei Minuten, bis ich alle Sinne beieinander hatte, wenn ich aus dem Tiefschlaf aufwachte. Aber jetzt schlug ich meine Augen auf und war hellwach. Ich starrte zum Fenster, wo die Straßenlaterne schwach durch die Gardine schien. Dann hob ich den Kopf und schaute direkt nach oben.

Dort, an der Wand, war ein Engel!

Er befand sich in sitzender Position und hatte seinen Blick auf mich gerichtet. Ich konnte nicht sehen, worauf er saß, aber er schien bequem und sicher zu sitzen.

Warum ich von »ihm« rede, wenn ich den Engel meine, weiß ich nicht, denn er wirkte weder männlich noch weiblich. Auf jeden Fall trug er ein langes weißes Gewand, und seine goldenen Locken waren schulterlang. Von seinen Kleidern, seinen Haaren und seiner Haut ging ein sanftes, klares Leuchten aus, das die ganze Fläche erhellte, auf der er saß – nur ein paar Zentimeter von mir entfernt.

»Michael wird Arbeit finden. Faste weiter. Bete weiter«, sagte er ganz selbstverständlich. Und genauso plötzlich, wie er erschienen war, verschwand das Licht und mit ihm der Engel. Das einzige Geräusch im Zimmer war das Schlagen meines Herzens, das mir fast aus der Brust springen wollte.

Ich konnte nicht glauben, was ich gerade gesehen hatte. Es war sehr real gewesen, und ich hatte schreckliche Angst. Am liebsten wäre ich zu meinen Eltern ins Zimmer gerannt, in ihr Bett geschlüpft und hätte mein Gesicht in ein Kissen gedrückt, aber ich war wie gelähmt und fürchtete mich zu sehr, um mich zu bewegen. Erstaunlicherweise fiel ich nur wenige Minuten später in einen tiefen Schlaf.

Gegen sechs Uhr morgens rief Michael mich an. Er war so aufgeregt, dass er kaum sprechen konnte. Ein Bauunternehmer hatte ihn gerade gebeten, sofort mit der Arbeit anzufangen, und sein jetziges Gehaltsangebot war weit besser als das vorherige. Es war Samstagmorgen. Wer macht an einem Samstag geschäftliche Anrufe und stellt Leute ein?

Michael klang so hoffnungsvoll. Er wollte mir sagen, dass Gott unsere Gebete schon erhört hatte. Ich war völlig verblüfft von diesen plötzlichen Neuigkeiten – hier war der Beweis, dass der Engel die Wahrheit gesagt hatte.

Ich erzählte meinem Mann, dass ich mit ihm gefastet hatte und dass mich vor wenigen Stunden ein Engel besucht hatte. Wir schwiegen eine Weile. Es war alles so schnell gegangen. Später am Abend wollten wir darüber und auch über die neue Arbeit weiterreden.

Ich danke Gott, dass er so achtsam mit mir und mit allem, was mir wichtig ist, umgeht. Als wir ihn von ganzem Herzen suchten, erhörte er uns ganz schnell. Auf eine Weise, die ich nicht anzweifeln konnte, schickte er mir die Bestätigung, dass ich mit meinen Gebeten und mit dem Fasten in die richtige Richtung ging. Er wusste, wie schwierig es für mich war, ihm zu vertrauen und ohne Vorbehalte den Weg einzuschlagen, auf den er uns schickte.

Unsere Herausforderungen und unser Fasten zeigten Michael, dass Gott wirklich existiert und dass er uns liebt und unsere Gebete beantwortet. Durch das Beten und Fasten wurde die Bibel für ihn lebendig.

Ich habe den Engel nie wiedergesehen, aber bis heute, vierzig Jahre später, lege ich immer wieder Fastenzeiten ein. Und es war nicht das letzte Mal, dass ich Gottes Handeln in meinem Leben sehen konnte. Im Gegenteil, es war erst der Anfang. Und doch bin ich jedes Mal aufs Neue erstaunt, wie er die Dinge Schritt für Schritt auf seine Weise löst, wenn wir ihm vertrauen.

Göttliche Navigation

Dale L. Dragomir

»Ruf ihn.« Die Forderung war unmissverständlich und zwingend. Doch ich wusste nicht, ob ich ein Wunder erleben oder ob es peinlich werden würde, wenn ich der Stimme gehorchte. Weit und breit bewegte sich nichts, und alles, was ich hörte, war das alltägliche Summen von Insekten an einem heißen Augusttag in Carolina. Aber was hatte ich zu verlieren? Ich nahm meinen ganzen Mut zusammen und rief:»Samson!«

Diese seltsame Reise hatte einige Monate zuvor begonnen. Samson war ein energiegeladener gelber Labrador, noch kein Jahr alt. Bei großen Hunden dauert die schwierige Welpenzeit manchmal länger, als ein Hundebesitzer erwartet, und Samson machte mir schwer zu schaffen.

Genau wie sein biblischer Namensgeber war er muskulös und stark, aber auch eigensinnig. Er ging nicht gern an der Leine und kam selten, wenn man ihn rief. Ein so wilder Hund und dazu unsere beiden Katzen, das ging unmöglich. Er wurde aus dem Haus verbannt – außer nachts, wenn unser Erbarmen größer war als unsere Angst, er könnte Unheil anrichten.

Samson war mehr oder weniger gegen unseren Willen Mitglied unseres Haushalts geworden. Eine junge Frau aus der Gemeinde, in der ich Pastor war, hatte ihn sich zugelegt. Terri war eine sprühende Persönlichkeit und voller Lebensfreude, aber sie hatte oft Zweifel, ob Gott sie wirklich liebte.

Als sie durch eine schwere Zeit hindurchmusste, nahmen wir sie zu uns, bis sie wieder stark genug war, ihr Leben allein zu meistern.

Terri gab es nur im Doppelpack mit Samson, der aber mit seinem liebevollen, lebhaften Temperament schnell unsere Herzen eroberte. Ich freute mich oft schon im Voraus auf seine ausgelassene Begrüßung, wenn ich nach Hause kam, und wünschte mir insgeheim, er würde nicht so bald wieder auszuziehen.

Als unsere Familie in den Sommerurlaub fuhr, passte Terri auf das Haus, den Hund und unsere beiden Katzen auf. Wir wussten, sie genoss die Ungestörtheit und die Unabhängigkeit. Auf der Heimreise freute ich mich schon auf eine stürmische Balgerei mit Samson. Aber als wir in die Einfahrt einbogen, sahen wir nur den Pfosten im Hof und eine lange, leere Kette.

Ich rief Terri bei der Arbeit an. Weinend erzählte sie mir die Geschichte. Sie hatte Samson zu einem Besuch bei ihrer Familie mitgenommen und im eingezäunten Hinterhof von der Leine gelassen. Dabei hatte sie nicht bemerkt, dass das hintere Gartentor offen stand – und der Hund riss aus. Er verschwand wie ein gelber Blitz und kam nicht wieder, da nützte kein noch so lautes Rufen. Tagelang suchte sie nach ihm, fuhr die Straßen in der Gegend ab und rief immer wieder seinen Namen. Vergeblich. Auch wiederholte Besuche beim Tierheim waren erfolglos. Samson blieb verschwunden.

Für die meisten Hundeliebhaber sind die vierbeinigen Genossen Kameraden und Freunde. Für Terri jedoch bedeutete Samson noch viel mehr. Wenn es ihr schlecht ging, hatte er versucht, sie aufzuheitern, und nachts hatte sie sich oft an ihn geschmiegt und in sein weiches Fell geweint.

Er war für sie ein Symbol für Gottes Segen geworden. Die Sorge für den Hund hatte einen wohltuenden Rhythmus in ihr Leben gebracht, und seine verrückten Eskapaden hatten ihr die schweren Zeiten erträglicher gemacht.

»Ich verstehe nicht, warum Gott ihn mir wegnimmt«, schluchzte sie. »Gerade jetzt, wo es endlich aufwärtsgegangen wäre?«

Sie war am Boden zerstört und fragte mich, ob das die Bestrafung für vergangene Sünden sei, die doch eigentlich vergeben waren.

Ich murmelte etwas von Gottes Liebe, aber Samsons Verlust ging mir selbst so zu Herzen, dass ich auch nicht verstehen konnte, warum Gott das zuließ. Alles, was ich sagte, kam mir so angelernt und abgedroschen vor. Ich betete kurz mit ihr, dass der Hund gefunden würde, und versuchte dann, mich auf die Predigt für den Sonntag zu konzentrieren.

Terri veränderte sich. Normalerweise war sie in der Gemeinde überschwänglich und fröhlich, und ihr Lachen schallte oft durch die Kirche. Aber in dieser Woche war ihr Gesicht wie versteinert. Groll flammte in ihren Augen auf, und keine ihrer Beteuerungen, dass alles in Ordnung sei, klang glaubhaft.

Als ich nicht lockerließ, machte sich Terri in hitzigen Sätzen Luft und verriet ihre wahren Gefühle.

»Offensichtlich liebt Gott mich nicht so sehr, wie ich dachte«, brach es aus ihr heraus. »Wenn ihm wirklich jede kleine Sache wichtig wäre, die mich beschäftigt, dann würde er mich nicht das Einzige verlieren lassen, was mir im Leben jemals etwas bedeutet hat.«

Ihr Herz verhärtete sich immer mehr. Wir mussten unbedingt diesen Hund finden!

Meine Frau und ich beteten inbrünstig. Tag und Nacht stieg unser Flehen zum Himmel.

»Lass Samson seinen Weg nach Hause finden.«

»Hilf Terri, ihn irgendwo zu entdecken.«

Schließlich beteten wir: »Lass *uns* ihn finden.«

Wir fuhren in die Gegend, wo ihre Eltern wohnten, suchten die Straßen ab und riefen nach dem Hund – umsonst. Wir wussten, dass wir etwas Unmögliches erhofften, denn Samson trug zwar ein Halsband, aber er hatte keinen Anhänger, der einen Hinweis auf den Halter gab. So ein freundliches, liebenswertes Tier nahm jeder gern; wahrscheinlich hatte ihn jemand gefunden, und er genoss ein wunderbares neues Leben. Nach ein paar Tagen ließ unser Glaube nach. Es war offensichtlich Zeit zum Aufgeben.

Trotzdem – wohin ich auch fuhr, hielt ich nach wie vor Ausschau nach Samson. Manchmal waren überall gelbe Labradore, aber keiner von ihnen war der gesuchte.

Ein paar Wochen nach Samsons Verschwinden musste ich eine Fernstraße benutzen, um ein Gemeindemitglied im Krankenhaus zu besuchen. Obwohl mir klar war, dass Samson bei der Entfernung nicht bis hierher gekommen sein konnte, suchte ich auf dem Heimweg die Felder mit den Augen ab, so gut es bei der hohen Geschwindigkeit ging. Aber es war keine Spur von ihm zu sehen. Ich hatte schon lang keine Worte mehr, die ich Gott hätte bringen können. Meine Gebete bestanden nur noch aus der Sehnsucht meines Herzens. Plötzlich trat mein Fuß in die Bremse, fast ungefragt. Ich spürte den starken Drang, die Fernstraße zu verlassen, und gab ihm nach. Am Ende der Ausfahrt hörte ich eine innere Stimme sagen: *Bieg rechts ab.*

Ich drehte am Lenkrad und sagte mir gleichzeitig, dass das albern war. Kurz darauf kam ich an eine Kreuzung. *Bieg nach links.* Mein verrücktes Unterfangen setzte sich an einigen Kreuzungen fort, bis ich mich langsam fragte, ob meine Gebete eine Zwangsvorstellung bei mir hervorgerufen hatten. Schließlich hörte ich: *Halte hier an.*

Ich schaltete den Motor ab, aber alles war still. Dann verließ ich den Wagen und suchte den Horizont ab, obwohl mein Kopf mir sagte, dass ich gerade dabei war, den Verstand zu verlieren. In diesem Augenblick kam die zwingende Aufforderung: *Ruf ihn.*

Ich bin bekannt für meine kraftvolle und klare Stimme auf der Kanzel. Diese benutzte ich zunächst hier nicht. Vielmehr rief ich ganz schüchtern: »Samson!«

Jetzt hatte ich plötzlich den Eindruck, das Richtige zu tun. Ich trat ein paar Schritte näher an das leere Feld vor mir und rief lauter: »Samson!«

Ein wildes Blättergeraschel durchbrach die sommerliche Stille, und ein riesiger gelber Hund schoss durch die Büsche. Er warf mich beinahe um in seiner Aufregung. Ich umarmte ihn und kämpfte mit ihm – dies war ohne jeden Zweifel Terris Hund.

Meine Verblüffung war groß, aber ein Mann, der Samson durch das Dickicht hinterhergerannt kam, konnte mir die Sache erklären. Der Mann war Fernfahrer. Er schüttelte meine Hand und erzählte mir, er hätte den Hund die Straße entlangtrotten sehen. Aus Angst, das Tier könnte überfahren und getötet werden, hatte er angehalten, um nachzusehen, was da los war. Bald hatte der durstige, aber zufriedene Hund neben ihm auf dem Vordersitz gesessen, und sie waren zu seinem Haus auf dem Land gefahren, ungefähr dreißig Kilometer entfernt.

Der Fernfahrer hatte Anzeigen aufgegeben und versucht, Samsons Eigentümer zu finden – es war offensichtlich, dass der Hund gut gepflegt war, folglich musste irgendjemand sehr traurig über seinen Verlust sein. Aber es war keine Antwort gekommen.

»Da siehst du, mein Junge. Ich wusste, jemand würde dich abholen«, knurrte der Fernfahrer. Er sah mich seltsam an und fragte: »Wie haben Sie ihn gefunden?«

Ich musste schlucken und versuchte es dann nach besten Kräften zu erklären. Selbst für meine eigenen Ohren klang es sonderbar.

»Hm, Gott wirkt manchmal auf wundersame Weise«, sagte der Mann. Dem konnte ich nur zustimmen.

Samson keuchte, haarte und sabberte auf meinem Beifahrersitz, aber das war mir egal.

So schnell ich konnte, fuhr ich nach Hause. Wenn der riesige, trottelige Hund geahnt hätte, dass er zum Mittelpunkt eines Wunders geworden war! Damit das Wiedersehen unvergesslich würde, hielt ich vor dem Haus und ließ Samson im Auto. Grinsend drückte ich auf die Klingel.

Terri öffnete die Tür mit ausdrucksloser Miene.

»Da ist jemand im Auto, der dich sehen will«, sagte ich.

Terri blickte zur Einfahrt, riss die Augen auf und schlug sich die Hand vor den Mund. Ich weiß nicht, was für Worte herauskommen wollten, aber anscheinend wollte sie nicht, dass der Pastor sie hörte.

Ich nutzte ihre Überraschung, um zum Auto zu rennen und die Tür zu öffnen, bevor Samson sie abriss. Terri fiel auf die Knie, und der Hund leckte sie von oben bis unten ab, vielleicht mochte er den salzigen Geschmack ihrer Tränen.

In den folgenden Jahren habe ich mich immer wieder an Terris Freude in diesen bewegenden Minuten erinnert. Kurz nachdem sie wieder vereint waren, zogen Terri und Samson aus. Das Leben in einer Wohnung war nichts für so einen lebhaften Hund, und Terri fand ein liebevolles Zuhause für Samson, wo er nach Herzenslust herumtollen konnte.

Terri verlor ihren Glauben nicht. Sie heiratete, bekam Kinder und eröffnete eine eigene Kinderbetreuungseinrichtung. Die Jahre mit Samson nennt sie immer noch ihre »dunklen Tage«, aber ich weiß, dass Gott genau im richtigen Augenblick einen hellen, gelb getönten Lichtstrahl schickte, um diese Dunkelheit zu durchbrechen. Er zeigte Terri, wie sehr er es genießt, seine Kinder mit Liebe zu überschütten, vor allem die Kinder, die meinen, es nicht verdient zu haben.

Immer wenn ich ein starkes inneres Drängen verspüre, das keinen Sinn zu machen scheint, denke ich daran, dass ein großer wilder Hund mich gelehrt hat, genau hinzuhören. Es könnte nämlich Gottes Stimme sein.

Eine Zuflucht im Sturm

Deb Wuethrich

Wir genossen ein Sommerwochenende an einem der »Fingerseen« im Bundesstaat New York. Mit der Bemerkung: »Ich fühle mich nicht wohl« setzte sich mein Mann Gordy auf die Bettkante. Es war schon ungewöhnlich für ihn, so etwas zuzugeben, aber dass er bereit war, ins Auto zu steigen und ins nächste Krankenhaus zu fahren, das war völlig außergewöhnlich.

Die Ärzte stellten einen unregelmäßigen Puls fest und ließen ihn für weitere Untersuchungen nach Rochester ins *Strong Memorial Hospital* bringen. Ich folgte dem Krankenwagen auf dieser fünfundvierzigminütigen Fahrt. Den ganzen Weg über betete ich zu Gott, dem ich in den vergangenen Jahren nicht besonders nahe gewesen war, obwohl ich in meiner Kindheit die Sonntagsschule besucht hatte.

Im *Strong Memorial Hospital* diagnostizierten die Ärzte eine arterielle Verengung, und es musste ein Stent eingesetzt werden. Die Operation verlief gut, aber hinterher geriet Gordy in seinem Zimmer in heftige Erregung und versuchte, die Schläuche und Kabel an seinem Handgelenk, die in eine Arterie führten, auszureißen. Er verhielt sich seltsam und beschwerte sich über schreckliche Kopfschmerzen. Manchmal konnte ich seine verworrenen Worte gar nicht verstehen.

Seine wachsende Unruhe wurde immer bedrohlicher, sie kam mir vor wie graue Wolken, die sich vor einem Sturm am See auftürmen. »Beruhige dich. Alles wird gut«, sagte ich zu ihm, als er sich ständig an den schmerzenden Kopf griff.

Mein Mann war immer noch so ruhelos, als Ärzte ins Zimmer kamen und ihn fragten, ob er das heutige Datum wüsste.

»Natürlich!«, fauchte er verächtlich und nannte ein Datum aus den 1960ern.

»Womit verdienen Sie Ihr Geld?«, wollten sie wissen.

Seine Worte kamen verdreht heraus, und gleichzeitig schaute er das medizinische Team an, als wären diese Leute zu taub oder zu dumm, um ihn zu verstehen. Er versuchte, ihnen deutlich zu machen, dass er einen Doktortitel hatte und nicht so blöd war, wie sie offensichtlich annahmen.

Als Gordys Verärgerung wuchs, nahm mich ein Neurologe zur Seite.

»Wir vermuten, dass er einen Schlaganfall hatte«, sagte er. »Das ist eins der Risiken bei der Operation Ihres Mannes.«

Vom restlichen Team schauten mich die einen mitleidig an, während die anderen den Blickkontakt vermieden.

»Sie müssen sich darauf einstellen, dass sich Ihr Leben verändern wird«, erklärte ein junger Arzt. »Er wird viel Hilfe brauchen, aber zunächst einmal muss er in ein Rehabilitationszentrum.«

Ich war sprachlos.

Wie konnte das sein? Vor zwei Tagen war er noch gesund gewesen.

Spät in dieser Nacht noch brachte ein Krankenpfleger Gordy im Rollstuhl ins Untergeschoss des Krankenhauses, wo man eine Kernspintomografie machen wollte. Ich saß da, tief im Innern der Klinik. Alles war still, nur das Stöhnen, die Rufe und manchmal die Schreie meines Mannes waren zu hören.

»Aufhören!«, rief er, hielt sich den Kopf und versuchte, sich von den grellen Deckenlichtern im Raum abzuwenden.

Meine Welt drohte einzustürzen, aber ich spürte eine Aufforderung zum Beten – so zu beten, wie ich es seit Jahren nicht mehr getan hatte. Zuerst einmal bat ich Gott um Vergebung, weil ich mich so weit von ihm entfernt hatte. Ich redete mit ihm darüber, wie mir der Glaube entglitten war – ein Glaube, der früher einmal so stark gewesen war, dass er mit Wundern gerechnet hatte.

»Genau das braucht Gordy jetzt, Herr«, betete ich. »Er braucht ein Wunder.«

Und ich glaube daran. Jetzt, in dieser Situation, glaube ich an ein

Wunder, dachte ich und hoffte, Gott würde mir abnehmen, dass ich ihm wirklich wieder näherkommen wollte. Mir war klar, dass das so ein Handel in letzter Minute war, wie ihn Menschen in verzweifelten Situationen abschließen, aber ich betete weiter, zunächst dort im Untergeschoss und später oben in Gordys Zimmer. Nachdem man ihm Medikamente zur Beruhigung gegeben hatte, konnte ich ein wenig schlafen.

Ein Rascheln weckte mich auf. Gordy war wach und starrte mich verwirrt an. Er nannte das Datum und wiederholte es.

»Stimmt das?«, fragte er zögernd.

Ich bejahte es erfreut.

»Sie haben mich gestern danach gefragt, und ich habe die falsche Antwort gegeben, oder?«

Ich war erstaunt, dass er sich daran erinnerte. Dann fiel mir auf, dass er völlig klar sprach. Er brauchte Hilfe, um zur Toilette zu gehen – und er hatte Hunger.

Mein Herz hüpfte vor Freude! Gott hatte meine Gebete gehört und ganz eindeutig beantwortet. Er hatte uns ein Wunder geschenkt! Ich hoffte, dass es nicht nur eine vorübergehende Besserung war.

Bald kam die Assistentin des Neurologen bei ihrer Morgenvisite vorbei. Die Verwirrung stand ihr ins Gesicht geschrieben, als sie Gordy untersuchte und ihm Fragen stellte. Sie verschwand, und kurz darauf kam der Neurologe hereingerauscht und sprach selbst mit ihm.

»Ich konnte es nicht glauben und wollte mich selber davon überzeugen!«, sagte er zu mir. »Wir waren uns sicher, Ihr Mann hätte einen Schlaganfall gehabt. Aber es sieht so aus, als würde er schnell wieder auf die Beine kommen.«

Als später die Ärzte zusammen mit ihren Assistenten ihre Runde machten, staunten alle über Gordys schnelle Genesung. Ein paar von ihnen schauten skeptisch drein, als ich sagte: »Gott hat mein Gebet um ein Wunder erhört.« Einer versuchte, deutlich zu machen: »Manchmal passieren Dinge, die wir nicht erklären können.« Aber ich wusste, dass Gott eingegriffen hatte.

Kaum zwei Tage später waren wir auf dem Heimweg nach Michigan. Gordy musste zwar Medikamente für sein Herzleiden einnehmen, aber durch Gottes Gnade blieb er von den Folgen eines Schlaganfalls verschont. Nach meinem Gebet um ein Wunder im Untergeschoss des Krankenhauses bekam ich meinen Mann für einige weitere Jahre zurück.

Durch diese Erfahrung zeigte Gott uns nicht nur, wo wir im Sturm Zuflucht suchen sollten – nämlich bei ihm –, sondern er machte uns durch das außergewöhnliche Geschehen auch deutlich, wie wir Frieden finden konnten. Seine offenen Arme wurden für mich und später auch für Gordy zu einem sicheren Hafen, wo unser verirrtes, verletztes Herz zur Ruhe kommt und wir großzügig versorgt werden, selbst wenn wir meinen, alle Hoffnung wäre verloren.

Die Freilassung zweier Gefangener

P. R. Jaramillo

Mein Vater herrschte mit eiserner Faust über unsere Familie, getrieben von Angst und Überheblichkeit und angeheizt von gelegentlichen Alkoholexzessen. Er fegte jedes Hindernis beiseite, als wäre es eine belanglose Störung, und allem Anschein nach kümmerte es ihn nicht, dass diese Hindernisse oft seine Frau und seine Kinder waren.

Seine Anwesenheit rief eine Reihe von Gefühlsregungen in mir wach: Angst, Verletzung, Sorge und manchmal etwas, was ich nicht hätte beschreiben können. Als ich älter wurde, erkannte ich, dass es Traurigkeit und Mitleid waren. Noch lange nach der Scheidung meiner Eltern begleiteten mich diese Gefühle, obwohl ich längst geheiratet hatte und in einen anderen Staat gezogen war.

Bei einer meiner jährlichen Reisen zu meiner Mutter beschloss ich spontan, die zusätzliche Stunde zu fahren, um meinen Vater zu besuchen. Das hatte ich nie zuvor getan. Seit ich erwachsen war, beschränkte sich mein Kontakt zu ihm auf gelegentliche Begegnungen in den Häusern meiner Geschwister.

Ich erwartete eine ungemütliche Stunde, in der ich ständig bemüht sein würde, nur über unverfängliche Themen zu sprechen. Aber ich war völlig unvorbereitet darauf, welche aufwühlenden und weitreichenden Folgen dieser Besuch für uns beide haben würde.

Nachdem wir uns begrüßt hatten, setzte ich mich in einen Sessel möglichst nahe an der Tür. Mein Vater saß auf dem Sofa mir gegenüber und redete über Leute, die wir beide kannten. Meine Antworten waren kurz und vorsichtig. Ich wollte unbedingt, dass das Gespräch friedlich blieb. Aber ganz gleich, wie ich reagierte oder welches Thema ich anschnitt, immer hatte er etwas auszusetzen. Er machte sich über alles und jedes lustig, was ihm in den Sinn kam, egal, ob es zum Thema passte oder nicht.

Nach einer halben Stunde verabschiedete ich mich unter irgendeinem Vorwand. Ich war gerade im Begriff, die Straße zu überqueren, als ich merkte, dass ich meinen Schlüsselbund und meinen Geldbeutel neben dem Sessel in seinem Haus liegen gelassen hatte. Deshalb ging ich noch mal zurück und wollte durch die offene Tür nach ihm rufen. Stattdessen blieb ich abrupt stehen und schnappte nach Luft. Er lag auf dem Sofa, zusammengerollt wie ein Baby im Mutterleib. Sein Rücken war mir zugewandt. Er musste mein Keuchen gehört haben, denn er drehte sich um und richtete sich mühsam zum Sitzen auf. Ich murmelte etwas von meinem Geldbeutel, als ich durch die Tür trat.

Eigentlich wollte ich nur meine Sachen nehmen und schnell wieder gehen, blieb dann aber doch stehen und sah zu ihm zurück. Er hatte wieder seine verächtliche Miene aufgesetzt, noch ausgeprägter als sonst, wie mir schien. Ich rang um angemessene Worte. Schließlich sagte ich das Erste, was mir in den Sinn kam: »Darf ich mit dir beten, bevor ich aufbreche?«

Er ignorierte die Frage. Ich setzte mich neben ihn und murmelte ein kurzes Gebet. Dabei wusste ich kaum, was ich sagte. Tränen strömten mir übers Gesicht, als mein Gebet zu Ende war. Aus einem inneren Impuls heraus hob ich die Hand und legte sie an seine Wange. Sein Blick wurde weicher, und unerwartet sanft sagte er: »Weine nicht, meine Tochter.«

Als ich davonfuhr, konnte ich meine kindliche Wahrnehmung von meinem Vater als allmächtigem Riesen mit dem Blick auf den hilflosen, zusammengerollten Mann überhaupt nicht zusammenbringen. Zwar sehnte ich mich danach, ihm zu helfen, aber gleichzeitig wusste ich, dass er sich über jede Mühe, die ich seinetwegen auf mich nähme, lustig machen würde.

Selbst die Andeutung, er könnte Hilfe nötig haben, wäre ihm zuwider. Er hatte sein ganzes Leben hinter einer Fassade von Stolz und Streitlust verbracht. Diese würde er niemals ablegen.

Ich fuhr zum Haus meiner Mutter. Wahrscheinlich bemerkte sie meinen Gefühlsaufruhr, aber wir verloren beide kein Wort darüber. Bei jeder Erwähnung meines Vaters ging sie in Abwehrhaltung. Ich sehnte mich nur noch nach dem Frieden und der Geborgenheit meines eigenen Heims.

Wieder zu Hause dachte ich, ich hätte das Erlebnis hinter mir gelassen, aber das war eine Täuschung. Ich fühlte andauernd eine schwere Last auf meinem Herzen. Ständig dachte ich an meinen Vater. Mehrmals am Tag betete ich für ihn, aber die Last wurde nicht leichter, eher noch schwerer. Ich schickte ihm Karten und kleine Geschenke und, als sich die Gelegenheit dazu bot, eine Bibel, in der die Kernverse farbig hervorgehoben waren. Er reagierte nicht darauf. Meine Anteilnahme ging über die Sorge um seine körperliche und seelische Gesundheit hinaus. Es war auch nicht nur der Schock, ihn so verletzlich gesehen zu haben, der mich bekümmerte. Vielmehr verwandelte sich die Unruhe in eine Art böse Vorahnung. Manchmal hatte ich das Gefühl, Gott bereitete mich auf etwas vor, und ein anderes Mal schien es mir, als wirbelte ich auf einen dunklen Abgrund zu.

Kräfte, die stärker waren als alles, was mir bisher begegnet war, zogen mich in gegensätzliche Richtungen. Ich schlief nicht mehr gut und nahm erheblich ab.

An einem Morgen kam ich, nachdem ich meine Kinder zur Schule gefahren hatte, nach Hause, schloss die Tür und fiel auf die Knie. Ich weinte laut und bat den Herrn, die Last von mir zu nehmen, die mich seit Monaten bedrückte. Immer wieder betete ich für meinen Vater und bat Gott, mich zu seinem Wohl zu gebrauchen. Ich verharrte so lange im Gebet, bis ich eine tiefe innere Zuversicht spürte und der Druck mich verließ.

Ein Jahr später rief mein Bruder mich an, um mir zu sagen, dass unser Vater ein paar Tage bei ihm zu Besuch sei. Als unser Gespräch zu Ende war, legte ich den Hörer mit einem tiefen Seufzer auf. Die Empfindungen, von denen ich meinte, ich hätte sie überwunden, kehrten schlimmer als je zuvor zurück. Ich hatte meinen Vater nie in unser Haus eingeladen, weil ich befürchtete, seine Anwesenheit brächte nur Unheil. Jetzt kam mir der Gedanke, ob Gott von mir genau das wollte, wovor mir so graute.

Bestimmt nicht, sagte ich mir. *Gott versteht, dass ich meine Sicherheit brauche.*

In dieser Nacht wälzte ich mich in meinem Bett hin und her. Meine Gebete schwankten zwischen einem resignierten »Dein Wille geschehe, Herr« und einem rebellischen »Nein, das kannst du unmöglich von mir verlangen«. Ich hatte wilde Albträume, in denen ich brutale Szenen meiner Kindheit erneut durchlebte.

Im Lauf der Nacht wiederholte sich der Kreislauf aus Resignation, Albtraum und Auflehnung immer wieder. Doch im Morgengrauen traf ich schließlich meine Entscheidung.

Meinem Vater die Botschaft vom Heil weiterzugeben, ist das Wichtigste, sagte ich mir.

Am Abend, auf dem Weg zum Haus meines Bruders, drängte mich der Herr noch mal, dieses Mal mit zwei Bibelversen. Jesaja 61,1: *Er hat mich gesandt, um die zu heilen, die ein gebrochenes Herz haben, und zu verkündigen, dass die Gefangenen freigelassen und die Gefesselten befreit werden.* Und Matthäus 25,35: *Ich war ein Fremder, und ihr habt mich in euer Haus eingeladen.*

»Also gut.« Das klang eher ergeben als überzeugt. »Ich werde ihn einladen, aber wenn er auch nur *eine* abschätzige Bemerkung macht, ziehe ich meine Einladung sofort zurück.«

Bei meinem Bruder angekommen, stellte ich im Auftreten meines Vaters eine Veränderung fest. Er war stiller als sonst. Seine Angriffslust war nicht so ausgeprägt. Als ich ihn zu uns nach Hause einlud, lächelte er und sagte sofort zu.

Ich backte Kekse und kochte heiße Schokolade, während er die Kinder mit Geschichten über seine Kindheit fesselte, die er auf einer Rinderfarm verbracht hatte. Nachdem sie sich ein paar Stunden unterhalten und Gebäck und Kakao verspeist hatten, schickte ich die Kinder ins Bett. Ich schob die leeren Teller und Tassen beiseite, setzte mich meinem Vater gegenüber in einen Sessel und fragte: »Papa, hast du Jesus Christus als deinen Heiland angenommen?«

Völlig überrascht von meiner direkten Frage, zögerte er. Dann kicherte er los: »Warum sollte ich das tun wollen?«

»Weil das der einzige Weg ist, wie ein Mensch in den Himmel kommen kann.«

»Ist das denn überhaupt möglich?«

»Ja«, sagte ich. »Es ist möglich.«

Ich war erstaunt, dass wir so ein Gespräch führten, und trotz seiner skeptischen Haltung spürte ich, dass gerade etwas Gewaltiges geschah.

»Dann sag mir doch«, fragte er grinsend, »welche Strafe muss ein alter Sünder wie ich ableisten, um in den Himmel zu kommen?«

»Es gibt keine Strafe. Du musst nur Christus in dein Herz einladen.«

»Dann muss ich wohl vor einen Altar hinknien, mich tief beugen und um Gnade betteln?« Er lachte.

Eine finstere Macht stachelte ihn an, meine Worte zu verhöhnen und abzulehnen, das spürte ich. Ich hatte die gleiche böse Vorahnung wie damals, als ich angefangen hatte, für ihn zu beten. Im Stillen bat ich Gott um Kraft und Schutz.

»Nein«, sagte ich dann. »Du kannst Christus hier und jetzt in dein Leben einladen.«

Seine Augen bohrten sich in mein Gesicht. Dieser durchdringende Blick hatte mich als Kind so in Schrecken versetzt, dass ich zitterte und mich versteckte. Doch dieses Mal starrte ich zurück. Es kam mir wie eine halbe Ewigkeit vor, bis er schließlich auf seine Hände schaute, die verkrampft auf dem Tisch lagen. Die Atmosphäre im Raum veränderte sich. Die Gegenwart des Bösen und die schlimme Vorahnung zogen sich zurück. Mit einem tiefen Seufzer schüttelte er den Kopf und sagte: »Ich habe mein Leben lang um einen Platz auf der Erde gekämpft. Wie kann es so einfach sein, einen Platz im Himmel zu bekommen?«

Ich nahm meine Bibel vom Regal hinter mir und las ein paar der Verse vor, die ich in der Ausgabe, die ich ihm zugeschickt hatte, markiert hatte. Er reagierte auf jeden Vers mit Fragen – manche klangen neugierig, andere hatten einen zweifelnden, zynischen Unterton. In den vergangenen Jahren hatten sich viele Schichten des Misstrauens und der Ablehnung in unser Verhältnis gemischt. Doch nun entstand nach und nach eine Verbindung, die diese Schichten überwand.

Kurz vor Mitternacht nahm mein Vater Christus in sein Herz auf, und irgendwann im Lauf unseres langen Gesprächs ließ ich die Kränkung, die Angst und die Wut los, die fast mein ganzes Leben lang mit meinem Vater verknüpft gewesen waren.

Friede und Freude durchströmten mein Herz.

Am folgenden Tag fuhr ich ihn nach dem Frühstück wieder zu meinem Bruder. Wir umarmten uns das erste Mal, seit ich ein kleines Kind gewesen war.

Ein paar Monate nach seinem Besuch bestieg ich ein Flugzeug, das mich in meinen Heimatstaat bringen sollte. Mein Vater hatte beim Autofahren einen schlimmen Herzanfall gehabt. Daraufhin war er mit dem Auto in eine Trennwand aus Beton gekracht und war sofort tot gewesen.

Auf meinem Weg zu seinem Begräbnis staunte ich über Gottes Barmherzigkeit und über seine unendliche Gnade, mit der er Berge versetzt, damit »die Gefangenen freigelassen« werden.

Aber nicht nur mein Vater war frei geworden – ich selbst genauso.

Der bewegliche Elch

Margaret Ann Stimatz

»Man weiß nie, was der Tag bringt«, verkündete Helen und warf ihre Sachen in den Wagen.

»Ich schon, ich weiß, was ich mache. Ich genieße später in der Stadt noch Jazz«, erwiderte Marys Mann David. »Fahrt vorsichtig, Mädels, und viel Vergnügen!«

Damit begann für uns drei Freundinnen ein Abenteuer, das wir nie vergessen werden. Helen und ich genossen die Natur normalerweise am liebsten von einem Liegestuhl am Fluss aus, aber unsere begeisterte Wanderfreundin Helen hatte uns überredet, mit ihr eine Tageswanderung im *Glacier*-Nationalpark in Montana zu machen.

»Es ist eine leichte Bergtour«, versprach sie, »und traumhaft schön.«

Die Fahrt war atemberaubend. Wir bewunderten den kristallklaren McDonald-See, blickten staunend auf die überwältigenden Serpentinen der *Going-to-the-Sun Road* und ließen unser Auto vom Schmelzwasser bespritzen, das die *Weeping Wall* hinabstürzte, eine Mauer mit Wasserfällen, die direkt auf die Straße plätschern! Unsere Stimmung wurde mit jedem Kilometer ausgelassener, als würden wir uns der zunehmenden Höhe anpassen.

Auf dem Gipfel des Logan-Passes, der in jede Richtung einen herrlichen Ausblick auf die Landschaft bot, streckten wir unsere Glieder und machten unser Picknick auf einem Felsen, zusammen mit einer Gruppe Streifenhörnchen. Ich döste in der Sonne, meine Freundinnen durchstöberten lieber den Andenkenladen. Dann begannen wir unseren Aufstieg auf dem Wanderweg.

Was für ein Tag! Wir waren umgeben von spärlich wachsenden, angegrauten Tannen, von Murmeltieren, die ein Sonnenbad nahmen, goldenen Erdhörnchen, die umhersausten, und Streifenhörnchen, die sich in der Hoffnung auf eine Belohnung auf den Hinterbeinen im Kreis drehten. Vier Ansammlungen von Dickhornschafen und einige Bergziegen standen für Großaufnahmen Modell. Wildblumenteppiche in Weiß, Rot, Blau und Gelb erstreckten sich, so weit das Auge sehen konnte – Enzian, Bärengras, wilde Geranien und Habichtskraut.

Erfüllt von Freude und geradezu trunken von dieser Schönheit, stiegen wir schließlich wieder ins Auto. Durch das hintere Seitenfenster sah ich eine Mischung aus blauem Himmel und grünem Dickicht. Wiesen und Moore verschwammen, als sie kilometerweit an uns vorbeizogen.

»Was haltet ihr davon, zum Essen bei …« Marys Worte brachen ab.

Meine Träumerei auf dem Rücksitz kam zu einem jähen Ende, als ich mit Schrecken sah, was Marys Gedanken unterbrochen hatte.

Eine Elchkuh erschien urplötzlich mit ihrem Kalb auf der Straße. Mitten auf der Fahrbahn, auf der unser Auto in schnellem Tempo daherkam.

Mary blieb keine Sekunde, um auf die Hupe zu drücken, in die Bremse zu treten oder auch nur auszuweichen. Und uns dreien blieb nicht einmal ein winziger Moment, um zu beten oder aufzuschreien. Alles ging so schnell.

Auf einmal sah ich etwas wie eine Luftspiegelung: Die Elchkuh und ihr Baby standen da. Lebendig. Ungerührt weiterkauend, als wäre nichts Ungewöhnliches passiert. Aber was noch erstaunlicher war – die Tiere waren auf der *anderen* Seite der Fahrbahn.

Wie war das gekommen? Hatte ein geheimnisvoller Transport von Materie, Zeit oder Raum stattgefunden?

Was wirklich passiert ist, werden wir auf dieser Seite des Himmels nie erfahren. Die Zeit schien anzuhalten, die Gesetze der Physik waren offensichtlich außer Kraft gesetzt. Wie sonst wäre ein brutaler Zusammenstoß, furchtbare Verstümmelungen, Blut, traumatische Hirnschäden oder sogar mehrfacher Tod verhindert worden?

Wir drei starrten das grasende Paar an – ungläubig, fassungslos, erschüttert. Wie war es möglich, dass unsere Welt nicht nur unversehrt, sondern friedlich und abgeklärt war? Ich kann es mir nicht anders erklären, als dass eine mächtige, unsichtbare Hand eingegriffen und zwei Elche und drei Menschen vor Schaden bewahrt hat.

Eine Stunde später saßen wir beim Essen zusammen und ließen mit Verwirrung, Staunen und großer Dankbarkeit das Erlebte noch einmal an uns vorbeiziehen.

»Es war, als hätte der Herr die Elche hochgehoben und auf der anderen Seite der Straße wieder abgesetzt.«

»Bei ihrer und unserer Geschwindigkeit gibt es keine irdische, physikalische Erklärung, warum wir nicht direkt ineinandergeprallt sind.«

»Was wiegt so eine Elchkuh überhaupt? Wenn ich es recht weiß, so ungefähr dreihundertsechzig Kilogramm. Stellt euch die Wucht so eines Aufpralls vor …«

Wir hatten keine Antworten, nur Rätsel, über die wir uns den Kopf zerbrachen.

»Man weiß nie, was der Tag bringt.« Als wir nach Kalispell zurückfuhren, erinnerte ich mich an diese Worte und spulte vor meinem inneren Auge noch einmal das herrliche Wunder dieses Tages ab. Aber meine Freude und Dankbarkeit bröckelten und wurden erschüttert durch beunruhigende Fragen. *Warum, Gott? Warum hast du uns heute gerettet? Warum uns? Warum nicht letzten Monat das junge Paar, das mit dem Motorrad unterwegs war? Die beiden waren doch auch Christen, und nun sind ihre zwei kleinen Söhne ohne Eltern. Warum?*

Ich dachte an die anderen Tragödien, die nicht abgewendet, an andere Menschenleben, die nicht gerettet worden waren. Zum Glück fand mein Grübeln ein Ende, als wir bei Mary ankamen, wo wir Heidelbeerkuchen aßen und unsere erstaunliche Geschichte David erzählten, der sie kaum glauben konnte.

Inzwischen sind einige Jahre vergangen. Ich schaue auf diesen Tag zurück und denke darüber nach, was ich gelernt habe. Das Leben ist so zerbrechlich, so unvorhersehbar. Im Bruchteil einer Sekunde kann es radikal verändert, zertrümmert und zerstört werden. Unsere Zeit auf der Erde ist kurz und dient nur dazu, uns auf das ewige Leben vorzubereiten.

Gott, der voller Liebe ist und alle Macht hat, hat immer den Überblick über das Ganze. Wenn seine Hand uns Gutes schenkt – wie damals, als er uns vor dem Zusammenstoß mit der Elchkuh bewahrte –, dann ist es leicht, sich zu freuen und ihm zu danken. Aber wenn andere Zeiten kommen, wenn er zulässt, dass Kummer, Leid und schreckliche Ereignisse geschehen? Dann sind wir ganz schnell dabei, dass wir nur noch trostlosen Dingen nachsinnen und die Hoffnung verlieren. Und dann stellen wir die gleiche Frage wie ich damals: *Warum, Gott, lässt du manchmal furchtbare Dinge zu, und das auch noch bei guten Menschen?*

Bis heute hat Gott mir nicht die Antwort gegeben, die ich gern gehabt hätte. Nach und nach gab er mir aber eine andere, eine persönliche Antwort. Diese Antwort ist – im Lauf vieler Jahre – zu einer einfachen Einladung geworden, die aus nur zwei Worten besteht: »Vertrau mir.«

Das ist meine größte Übung und meine schwerste Herausforderung: Gott zu vertrauen, egal, was geschieht. Ihm zu vertrauen in schweren und in schönen Zeiten. Wenn ich seine Gründe oder seine Wege nicht sehen und nicht verstehen kann, bleibt am Ende immer die Frage: Vertraue ich ihm?

Wenn mein Blick von Tränen verschleiert ist und ich nicht mehr das große Ganze sehen kann, vertraue ich ihm dann, dass er mich liebt, dass er bei mir ist und dass er jetzt und alle Tage dabei ist, alles neu zu machen?

Der Ex-Marlboro-Mann

James Stuart Bell

Mein Vater, James Stuart Bell senior, kam aus der Generation, die zur Rettung der Demokratie in den Zweiten Weltkrieg gezogen war – allerdings erinnerte er sich vor allem an die Volleyballspiele mit den jungen Frauen am südkalifornischen Strand, wo er stationiert war. In den 1960er-Jahren erklomm er die Karriereleiter bei einer Telefongesellschaft; man kann ihn sich damals etwa so vorstellen wie einen der Charaktere aus der Fernsehserie *Mad Men*, die sich um ehrgeizige Mitarbeiter einer Werbeagentur im New York der 60er-Jahre dreht, von denen viele leidenschaftliche Raucher sind.

Als Öffentlichkeitsbeauftragter, der sich wie ein Millionär gab und auch entsprechend gut aussah, war er das Gesicht des Unternehmens und verantwortlich für das Bild nach außen. Er spielte Golf mit führenden Persönlichkeiten aus Bürgerschaft und Gemeinde, schrieb Reden und prägte die Haltung des Unternehmens zu aktuellen Themen mit, auch in der Frage der Grundrechte.

Wie die Werbeleute in *Mad Men* war mein Vater um das Image des Unternehmens in den Sechzigerjahren bemüht, eine nervenzerreißende Aufgabe. Eine Möglichkeit, die Anspannung auszugleichen, war das Rauchen. Meine Tochter hat ein Foto ihres Großvaters aus den Siebzigern, das ihn mit langen Koteletten und pechschwarzem, zurückgekämmtem Haar in seinem Büro zeigt. Allem Anschein nach bringt er gerade in einer Debatte ein Argument vor, während er eine Zigarette schwenkt, die einen Rauchfaden hinter sich herzieht – dieses Bild erinnert auch an die Fernsehserie, in der die Geschäftsführer, als ihre Werbeeinnahmen zu sinken drohen, versuchen, das Rauchen positiv darzustellen.

Oberflächlich betrachtet, könnte man solche Aufnahmen als perfektes Abbild einer romantischen Ära des Fortschritts und des Erfolgs sehen. Aber heute wissen wir, wie dumm und naiv es war, Werbung für das Rauchen zu machen, weil wir die verheerenden Auswirkungen des tödlichen Nikotins kennen. Davon hatte mein Vater natürlich keine Ahnung, als er als Neunjähriger in den 30er-Jahren die Messe am Sonntag schwänzte und nur zum Spaß hinter Pfarrer Clancys Scheune das erste Mal rauchte. Und später bei der Marine auch nicht. Aber im Lauf der Jahrzehnte forderte der Dämon Nikotin seinen Tribut.

Mein Vater wollte natürlich nicht, dass ich rauchte, aber eins der ersten Wörter, die ich als Kleinkind lernte, war *Zigarette*, auch wenn ich es anfangs noch gar nicht richtig aussprechen konnte.

Als ich fünf Jahre alt war, fragte ich, ob ich auch mal ziehen dürfte, und er erlaubte es, in der Hoffnung, dass ich dann für immer kuriert wäre. Würgend rannte ich zur Toilette und konnte nicht begreifen, was an diesen furchtbaren Dingern so attraktiv sein sollte.

Ich konnte meinen Vater, wenn ich ihn im Supermarkt verloren hatte, durch den Klang seines leisen Hustens ausfindig machen. Er war ein *Marlboro-Mann*, der zwei Schachteln und mehr am Tag rauchte, auch wenn er im Gegensatz zu dem Mann in der Werbung weder einen Cowboyhut trug noch mit einem Pferd über winterliche Felder ritt. Der hartnäckige Geruch von kaltem Rauch durchdrang unser Haus, und auf den Kleidern meines Vaters vermischte er sich mit Rasierwasser, wenn er mit dem Zug nach New York unterwegs war.

Zu Beginn der 70er-Jahre wurde es meinem Vater ein leidenschaftliches Anliegen, mit dem Rauchen aufzuhören. Er redete dauernd darüber, zerstörte seine Zigarettenschachteln und las alles über die positiven Auswirkungen des Nicht-Rauchens auf die Gesundheit.

Mein Vater kam aus der Generation, die Deutschland und Japan besiegt hatte, und er glaubte, man könnte mit positivem Denken und harter Arbeit alles bewältigen, was man wollte. Er schaffte es auch, einen Tag oder eine Woche und einmal sogar fast zwei Jahre lang mit dem Rauchen aufzuhören, aber schließlich musste er erkennen, dass er abhängig war, weil er ohne Nikotin mit dem Druck seiner Arbeit in der Geschäftsführung nicht zurechtkam. Gleichzeitig wusste er aber, dass das Rauchen seine Lebenszeit verkürzte.

Im Sommer 1974 machte ich eine lebensverändernde Erfahrung mit Jesus Christus und wurde dabei von den Drogen aus der Hippiezeit frei. Mein Vater sagte mir:»Ich sehe den Unterschied in deinen Augen. Das, was du hast, will ich auch.«

Er war immer ein moralisch einwandfreier Mann gewesen, der regelmäßig zur Kirche ging und stolz auf sein tadelloses Leben war. Aber hier reichten seine eigenen Anstrengungen nicht aus, um erfolgreich zu sein. Er wusste inzwischen, dass er es von sich aus nie schaffen würde, mit dem Rauchen aufzuhören. Folglich traf er eine Vereinbarung mit mir: Wenn Jesus ihn vom Rauchen befreien konnte, würde er wissen, dass das, was meine Freunde und ich hatten, echt war, und dann würde er sich uns anschließen.

Ich – ein junger Mann mit Latzhose und langen Haaren und völlig begeistert von Jesus – versicherte ihm:»Das ist kein Problem, Papa. Du musst einfach nur glauben. Jesus ist der große Arzt.«

Er bat mich, noch am gleichen Abend für ihn zu beten, und als wir fertig waren, versprach ich ihm, dass die Sache im Namen Jesu nun erledigt sei. Er sah mich zögernd an und hätte mir gern zugestimmt, verließ sich aber mehr auf meinen Glauben als auf seinen. Schließlich hatte er gesehen, wie Gottes Kraft mein Leben verändert hatte.

Der nächste Tag war ein Samstag. Mein Vater ging nach unten, um sein spätes Frühstück aus Speck, Eiern, Toast, Orangensaft und Kaffee zuzubereiten. Etwas zerstreut überlegte er, was er mit diesem freien Wochenende anfangen sollte.

Die erste Zigarette, die mein Vater samstags rauchte und die er am meisten genoss, gönnte er sich immer, während er seine zweite Tasse Kaffee trank. Wie gewohnt nahm er seine Marlboro-Packung, zog eine Zigarette heraus und lehnte sich zurück, um mit der vereinten Wirkung von Koffein und Nikotin genussvoll ins Wochenende hineinzugehen.

Aber es gelang ihm nicht, den Rauch in seine Kehle zu bekommen. Er schnaufte und hustete und würgte wie ein junger Bursche, der gezwungen wird, seinen ersten Zug zu nehmen, und ihn zur großen Belustigung seiner Kameraden nicht verträgt.

Das war völlig irrsinnig. War er krank? Er versuchte es noch einmal, würgte aber noch viel mehr.

Nun ging ihm ein Licht auf: *Jimmy hat gestern Abend dafür gebetet, dass ich befreit werde!*

Nur Jesus konnte ihm das Verlangen wegnehmen und ihn in den kindlichen Zustand zurückversetzen, in dem er gewesen war, bevor er hinter Pfarrer Clancys Scheune das erste Mal geraucht hatte. Er ging auf die Knie und nahm Jesus als seinen Heiland, Herrn und Retter an. Jetzt wusste er, was es bedeutete, von einer Versklavung befreit zu werden, die man nicht allein überwinden konnte.

Jeder von uns hat seine eigene Gebundenheit, die der Heilige Geist uns offenbart, wenn wir an den einen glauben, der die Macht von Sünde und Tod am Kreuz gebrochen hat. Gott hat Geduld mit unseren Schwachheiten und wartet darauf, dass wir zu ihm kommen, anstatt uns selber abzumühen.

Mein Vater rührte die nächsten fünfunddreißig Jahre keine Zigarette mehr an und erlebte noch seinen fünfundachtzigsten Geburtstag. Als Jesus ihn befreite, tat er das von einem Moment auf den anderen – und jetzt ist mein Vater völlig frei und zu Hause beim Herrn.

Nach Hause gerufen

Christine Henderson

»Lies mir die Geschichte von Jeanne d'Arc vor«, bat ich meine Schwester. Wieder einmal zog sie das abgegriffene Buch über das Leben der Heiligen aus dem Regal. Ich saß neben ihr auf dem Bett und hörte aufmerksam zu. Dies war bei Weitem nicht das erste Mal, dass ich die Geschichte hörte; ich kannte sie auswendig. Fast jeden Tag bat ich meine Schwester, mir aus diesem Buch vorzulesen. Ich konnte nicht genug kriegen von den Berichten über diese Gott hingegebenen Menschen. Wie sie jeden Tag beteten und oft sogar seine Stimme hörten, bewunderte ich. So eine Nähe zu Gott hätte ich mir auch gewünscht!

Als Kind betete ich jeden Abend darum, dass ich Gottes Stimme genauso hören würde wie sie. Die Antwort war Schweigen. Trotzdem blieb es meine Bitte, irgendwann ebenso stark mit Gott verbunden zu sein wie die Heiligen in früheren Zeiten.

Als ich erwachsen wurde, betete ich weiter und bat Gott, mir die Richtung für mein Leben zu zeigen. Ich hatte keinen Zweifel daran, dass er mich hörte und meine Gebete beantwortete, auch wenn ich nicht immer grünes Licht für meine Wünsche und Bedürfnisse bekam. Manchmal war die Antwort ein deutliches Nein, so wie damals, als ich arbeitslos war und die Stelle, die ich gern haben wollte, nicht bekam. Ein paar Wochen später bekam ich dann einen für uns viel geeigneteren Arbeitsplatz. Dies war für mich eindeutig Gottes Handeln.

In anderen Fällen erfüllte Gott mir meine Wünsche, zum Beispiel, als er mir den richtigen Ehemann schenkte. Die Trauung in der Kirche und die Feier mit Familienangehörigen und Freunden waren wunderschön, und ich spürte, dass Gott gegenwärtig war und unseren Ehebund segnete.

Aber dass Gott auf so direkte Art zu mir sprach wie zu den Heiligen aus den Büchern meiner Kindheit, darauf wartete ich immer noch. Jeden Tag las ich in der Bibel und betete um eine engere Beziehung zu Gott. Ich wartete und horchte auf seine Antwort. Und eines Tages, als ich gar nicht um Gottes Führung und Leitung gebetet hatte, schenkte er mir einen besonderen Segen, an dem ich mich bis zum Ende meines Lebens erfreuen werde.

Es fing an einem gewöhnlichen Montagabend an. Mein Mann und ich waren kurz zuvor aus beruflichen Gründen nach Kalifornien umgezogen. In der Nähe unseres Hauses gab es einen Radweg. Da mein Mann bei einem Seminar war, beschloss ich, eine Radtour zu machen. Die Luft war erfüllt vom Duft der Blumen und der blühenden Obstbäume. Ich fühlte mich Gott immer besonders nah, wenn ich die Schönheit der Natur bestaunen konnte. Nach meiner Rückkehr fühlte ich mich gestärkt und war dankbar für alles Gute in meinem Leben.

Während ich mir das Abendessen zubereitete, rief mich meine Mutter aus Virginia an. »Dein Vater ist im Krankenhaus. Der Arzt sagt, es gehe ihm gut, aber er möchte ihn zur Beobachtung über Nacht dabehalten.«

»Was ist passiert?« Ich hielt die Luft an und fürchtete die Antwort.

»Er hatte Schmerzen in der Brust, deshalb hielten wir es für das Beste, ins Krankenhaus zu gehen. Aber der Arzt sagt, es war kein Herzinfarkt.«

Sein erster Herzinfarkt lag acht Jahre zurück, und fünf Jahre danach hatte er einen weiteren. Wenn er Schmerzen in der Brust hatte, war es für ihn selbstverständlich, ins Krankenhaus zu gehen. In der Vergangenheit war er nach der ärztlichen Untersuchung und einem EKG wieder entlassen worden. Ich hoffte, dass es wieder so wäre.

Seit seinem ersten Herzinfarkt legte mein Vater mehr Wert auf seine Gesundheit und achtete mehr auf Bewegung und gesündere Ernährung. »Gott hat mir zusätzliche Zeit geschenkt, so möchte ich das Bestmögliche daraus machen«, hatte er zu meiner Mutter gesagt. Bei der Kontrolluntersuchung vor einem Monat war alles in Ordnung gewesen. Trotzdem machten wir uns immer Sorgen, wenn er Schmerzen in der Brust hatte, und beteten ganz besonders für ihn. »Würdest du ihn anrufen, um ihn ein wenig aufzumuntern? Du weißt, dass er nicht gern im Krankenhaus ist.« Nachdem sie mir seine Telefonnummer gegeben hatte, versprach ich, für meinen Vater zu beten und ihn anzurufen. Der Tonfall meiner Mutter überzeugte mich, dass es keinen Grund zu übertriebener Sorge gab. Da er schon ab und zu über Nacht im Krankenhaus gewesen war, hatten wir uns daran gewöhnt, auch wenn es jedes Mal ein wenig nervenaufreibend war.

Das Gespräch mit meinem Vater war unbeschwert und locker. Er machte Witze über das schreckliche Krankenhausessen und darüber, dass er am nächsten Tag unbedingt Golf spielen wolle. Durch Golfspielen verschaffte er sich damals am liebsten Bewegung. Seine Stimmung war heiter und fröhlich. Hätte meine Mutter mir nicht gesagt, er sei im Krankenhaus, hätte ich gedacht, er säße bequem in seinem Lieblingssessel zu Hause. Wie üblich beendete ich das Gespräch mit dem Satz: »Ich hab dich lieb, Papa.«

Obwohl ich verheiratet war und mein eigenes Zuhause hatte, war ich immer noch Papas kleines Mädchen. Ich liebte es, mich mit ihm zu unterhalten und seinen Rat über die Arbeit oder unsere Zukunftspläne zu hören. Nach dem Anruf hatte ich überhaupt keine Zweifel, dass er am nächsten Tag wieder zu Hause sein würde. Ich machte Pläne für die Tage, wenn meine Eltern irgendwann in den nächsten Monaten zu Besuch kämen, und freute mich darauf, ihnen unser neues Haus vorzuführen und unsere Lieblingsplätze zu zeigen.

Mit einem Mal traf es mich wie ein Blitzschlag. Die feine, aber gleichzeitig mächtige Stimme Gottes sprach zu meinem Herzen und sagte mir, mein Vater werde sterben. So lange hatte ich mich danach gesehnt, diese Stimme zu hören, aber nicht mit so verheerenden Neuigkeiten! Menschlich, wie ich bin, versuchte ich, in meinem Geist mit Gott zu streiten.

»Es ist noch nicht seine Zeit. Er ist gerade erst in Rente gegangen«, flehte ich.

Doch die Antwort, die ich hörte, lautete:»Es ist meine Zeit.«
Wieder wandte ich ein:»Aber er hat noch nicht alles vollendet, was er zu tun hat. Er hat seine Enkelkinder kaum kennengelernt.«
»Er hat alles vollendet, was er zu tun hat«, war die deutliche Antwort.

Alle meine Einwände waren fruchtlos und richteten bei Gott nichts aus, das wusste ich. Ich brach in Tränen aus und betete darum, dass ich es annehmen und verstehen könnte.

Am nächsten Tag ging ich wie üblich meinen Pflichten und meiner Arbeit nach. Obwohl ich mich durch Gottes Nähe, die ich am vorherigen Tag erlebt hatte, gesegnet fühlte, hoffte ich darauf, dass der Satz sich erfüllen würde: *Denn für dich sind tausend Jahre wie der gestern vergangene Tag* (Psalm 90,4). Ich wollte noch viel mehr Zeit mit meinem Vater haben. Doch Gott hielt sein Wort.

Mein Bruder rief mich am nächsten Abend an und überbrachte mir die traurige Nachricht, dass mein Vater vor ein paar Stunden an einem Herzinfarkt gestorben war.

Die Gefühle überfluteten mich wie riesige Wellen. Ich war über den Tod meines Vaters am Boden zerstört, weil ich nun nicht mehr mit ihm reden konnte und ihn unendlich vermissen würde. Andererseits war ich glücklich, weil ich ihn noch angerufen und eine letzte Gelegenheit gehabt hatte, meinem Vater zu sagen, wie viel er mir bedeutete. Aber stärker als alles andere war ein innerer Friede, weil ich durch Gottes Ankündigung am Abend vorher ohne jeden Zweifel wusste, dass mein Vater im Himmel bei ihm war.

Als wir beim Begräbnis das Leben meines Vaters und seine Beziehung zu Gott feierten, fühlte ich immer noch einen Frieden, der den menschlichen Verstand übersteigt. Gott hatte mich auf den Tod meines Vaters vorbereitet und mich an sein Weiterleben in der Ewigkeit erinnert. Die Worte meines Vaters bei unserem letzten Gespräch fielen mir ein. Da hatte er gesagt:»Ich freue mich sehr darauf, mein Schatz, das Krankenhaus zu verlassen und nach Hause zu gehen.« Bei dieser Erinnerung musste ich lächeln. Sein letzter Wunsch war ihm erfüllt worden. Er war zu Hause im Himmel.

Vervielfältigte Kraft

Annette M. Eckart

Als ich anfangs da und dort Schmerzen verspürte, achtete ich nicht wirklich darauf. Mein Vater war gerade gestorben, und es gab andere Dinge, um die ich mich kümmern musste. Die undefinierbaren Schmerzen tauchten in meinen Füßen, in den Knien und manchmal auch in den Händen auf, verschwanden aber wieder.

Da ich mit meinem Mann Ed, dem Haushalt, dem Engagement in der Gemeinde und den beruflichen Anforderungen als Managerin eines Wall-Street-Unternehmens völlig ausgelastet war, fiel es mir leicht, die seltsamen Schmerzen aus meinen Gedanken zu verdrängen. Und darüber hinaus war ich mit der Bewältigung meiner eigenen Trauer und mit der Unterstützung meiner verwitweten Mutter beschäftigt. Eingebildete Zipperlein des Körpers hatten in meinem Zeitplan keinen Platz.

Irgendwann an einem Freitag verbrachte meine Mutter die Nacht bei uns. Am nächsten Tag kam meine Schwägerin Karen zu einem gemeinsamen Einkaufsbummel dazu. Karen, eine lebhafte Erzählerin, saß hinten im Auto und brachte uns immer wieder zum Lachen. Doch ich hörte nicht mehr zu. Wir näherten uns einer gefürchteten zwölfspurigen Kreuzung, und ich musste meine Aufmerksamkeit auf das Lenken meines Hondas richten.

Die Ampel schaltete auf Rot. Ich wollte anhalten, aber es ging nicht. Ich konnte meinen Fuß nicht zur Bremse bewegen!

Ich hörte Karen und meine Mutter lachen, Wagen schossen an mir vorbei, alles andere um mich herum wurde ausgeblendet. Ich riss die Augen auf, als ich die Kreuzung vor mir im Blick hatte. Mein Herz raste.

Schließlich bewegte sich mein Fuß, aber ich musste mein gesamtes Körpergewicht von 52 Kilogramm gegen das Pedal stemmen und mich mit den Händen am Lenkrad festhalten, um die verlorene Zeit wiedergutzumachen. Karen und meine Mutter plauderten fröhlich und merkten nichts von alledem.

Das Auto blieb auf der weißen Linie stehen. Ich saß regungslos da, die Augen auf die rote Ampel gerichtet, während meine Gedanken wild durcheinandergingen und zu verstehen versuchten, was passiert war. Zwei der Menschen, die mir am wertvollsten waren, befanden sich in meinem Auto. Sie ahnten nicht, wie knapp wir einer Katastrophe entkommen waren.

Der Rest der Heimfahrt verlief ereignislos, aber mir war nun klar, dass etwas nicht stimmte. Und ich sah ein, dass es Zeit wurde, mich um meine Wehwehchen zu kümmern. Am folgenden Montag rief ich meinen Arzt an.

Mit vierunddreißig Jahren und einigen medizinischen Kenntnissen wusste ich, dass ich genau zu der Altersgruppe gehörte, in der multiple Sklerose oft beginnt. Als Ed und ich zu meinem Arzt kamen, hatte ich mir bereits Gedanken darüber gemacht, was im schlimmsten Fall auf mich zukommen könnte. Nachdem er mich untersucht und mir ein paar Fragen gestellt hatte, meinte Dr. Sinha: »Ich habe den Verdacht, es ist eine Gelenkentzündung. Ich möchte Sie gern zu einem Rheumatologen schicken.«

Erleichterung durchflutete mich, alle Spannung ließ nach.

Eine Gelenkentzündung, ist das alles? Ich dankte Gott.

Ich hatte Werbung für Medikamente gegen Gelenkschmerzen gesehen. Die grauhaarige Dame hatte Mühe mit der Gartenarbeit, nahm zwei schmerzlindernde Tabletten, und dreißig Sekunden später harkte sie fröhlich vor sich hin, befreit von jeder Behinderung.

Jeder bekommt früher oder später ein bisschen Schmerzen in den Gelenken. Das ist kein größeres Problem, dachte ich.

Ein Irrtum, wie sich bald herausstellte.

Termine im Rheumazentrum häuften sich in meinem Kalender, als wir mit Medikamenten experimentierten, um die Schwäche und die zunehmenden Schmerzen zu lindern.

Immer häufiger musste ich Ed um Hilfe bitten, weil ich Dosen, Milchtüten oder Arzneiflaschen nicht mehr öffnen konnte. Als die

Krankheit fortschritt, trat ich einer Selbsthilfegruppe der amerikanischen Arthritis-Stiftung bei. Was ich als die Jüngste in der Gruppe dort erfuhr, war nicht gerade beruhigend.

Dr. Hayes Wilson, der medizinische Berater der Stiftung und Leiter des Rheumazentrums im *Piedmont Hospital* in Atlanta, nennt rheumatische Arthritis, oft Rheuma genannt, eine »sehr wichtige und tödliche Krankheit«. Er warnt seine Kollegen davor, die Krankheit auf die leichte Schulter zu nehmen und die Patienten mit Aspirin abzuspeisen. »Man muss sie früh erkennen und aggressiv bekämpfen«, sagt er. »Die Folge, wenn man nicht aggressiv gegen sie vorgeht, könnte erhöhte Sterblichkeit sein. Wir müssen herausfinden, warum sie Menschen umbringt.«[1]

Obwohl die Meinungen über die Behandlung von Rheuma auseinandergehen, sind sich in einem Punkt alle einig. Im Sprichwort ausgedrückt: »Wer rastet, der rostet.«

Ich bemühte mich, so aktiv wie möglich zu sein. Ein wenig konnte ich immer noch in meinem Beruf arbeiten; mein Einkommen ging jedoch zurück, und meine Zukunft sah düster aus.

Das Rheuma breitete sich wie ein wachsender Baum in meinem Körper aus. Als Erstes waren die Füße beeinträchtigt, dann Knie und Hüften. Bald erreichte die Krankheit meine Hände und Arme. Rheuma kann sogar die Augen betreffen. Ein starker Tobak für eine Vierunddreißigjährige. Aber ich musste mich damit auseinandersetzen.

Unsere gesellschaftlichen Kreise, die einmal sehr weit gereicht hatten, schrumpften immer mehr, je weniger ich an gemeinsamen Unternehmungen teilnehmen konnte. Ed und ich segelten gern, aber ich konnte die Taue nicht mehr halten. Mit dem Jeep bei Sonnenuntergang am Strand entlangzufahren oder am Meer zu zelten, ging nicht mehr, weil ich das Fahren nicht mehr ertrug. Wir hatten beide grüne Daumen, aber unser Garten wurde immer mehr vernachlässigt.

---

[1] Carolyn Colwell, »Rheumatoid Arthritis Death Rate Unchanged«, *Health Day,* 29. Oktober 2007. 20. April 2015 http://consumer.healthday.com/senior-citizen-information-31/ misc-aging-news-10/rheumatoid-arthritis-death-rate-unchanged-609491.html.

Ed und ich hatten oft Leute zum Essen eingeladen, hatten zusammen gekocht und neue Rezepte ausprobiert. Jetzt übernahm Ed mehr Aufgaben im Haushalt, und die Mahlzeiten wurden einfacher.

Von jung auf hatte ich Tanzwettbewerbe gewonnen und hatte am Wochenende regelmäßig Tanzabende mit unseren Freunden organisiert, aber jetzt brachte ich meine schmerzenden Füße nicht mehr in die Stöckelschuhe. Meine Füße waren nur noch schwer. Beim Gehen musste ich mir selbst vorsagen: *Ich habe zwei Schritte geschafft, ich schaffe auch drei. Ich habe drei Schritte geschafft, ich schaffe auch vier ...*

Wir nahmen nur noch selten Einladungen zu Festlichkeiten an, aber es gab eine Ausnahme. Unser alter Freund Tony heiratete, und wir wollten seine Hochzeitsfeier miterleben.

»Die Kirche und der Empfang – beides schaffe ich nicht. Was sollen wir machen?«, fragte ich Ed.

»Wir könnten direkt vor dem Essen ankommen, zuschauen, wie sie die Torte anschneiden, und dabei sein, wenn sie sich verabschieden«, schlug er vor.

Der Tag kam. Ed saß auf der einstündigen Fahrt zum Empfang am Steuer, ich ließ meine Rückenlehne ganz hinunter. Obwohl es erst früher Nachmittag war, schlief ich die ganze Fahrt durch, so erschöpfte mich die Krankheit.

»Wir sind da.« Ed weckte mich sanft. Wir gingen zur Eingangshalle, und als Ed die Tür öffnete, standen wir vor einer Freitreppe, die weit nach oben führte. Wie sollte ich diese Treppe jemals hochkommen? Ich holte tief Luft und begann, langsam hinaufzusteigen. Mit den Händen hob ich mein rechtes Bein hoch. Völlig erschöpft kam ich oben an.

Die Discomusik stampfte, aber Ed legte seinen Arm um mich und zog mich in eine stille Ecke, bevor wir den Raum betraten.

»Alles in Ordnung, Liebste?« Ich begegnete seinem Blick, schob die Mühe hinter mich und freute mich auf einen schönen Abend.

Ed fand den Platz mit unseren Tischkarten, und Freunde kamen schnell, um uns zu umarmen. Ihr liebevolles Mitgefühl trieb mir die

Tränen in die Augen, aber ich hatte auch Angst, jemand könnte mich zu fest drücken und mir wehtun.

Der Bräutigam begrüßte uns sehr herzlich, doch die Braut sagte zu mir: »Zu schade, dass ihr die Trauung verpasst habt.«

Ich spürte die Hitze der Demütigung und Selbstanklage. Wegen *meiner* Einschränkung hatten wir ihren wichtigen Moment verpasst.

Der DJ legte Musik von *Cherish* auf, und ich schlurfte mit Ed zur Tanzfläche. Er nahm mich in die Arme, ich lehnte mich an ihn; wir wiegten uns hin und her, ohne uns vom Fleck zu bewegen. Noch bevor wir zu Ende gegessen hatten, verließen wir die Feier. Von den Medikamenten hatte ich einen trockenen Mund, ich hatte keinen Appetit und meine Schmerzen verschlimmerten sich.

»Sich verschlechternd.«

»Inoperabel.«

»Unheilbar.«

»Lernen, mit dem Schmerz zu leben.«

Die Diagnose und die Prognosen waren für mich hoffnungslos. Durch Freunde in der Kirche hatten wir gehört, dass ein Mann namens Kelleher, ein Pfarrer, der einen Heilungsdienst ausübte, in unsere Gegend kam. Ed und ich beschlossen, seinen Heilungsgottesdienst in einer Schulaula zu besuchen.

Wir kamen absichtlich zu spät und setzten uns in die letzte Reihe, damit wir uns unauffällig hinausschleichen konnten, denn ich ging davon aus, dass ich nicht genug Kraft für den ganzen Gottesdienst haben würde.

Hunderte von Menschen waren da. Als dazu eingeladen wurde, zu einem Heilungsgebet nach vorne zu kommen, zögerte ich. Ed schaute mich an. Ich fasste Mut, weil ich ihm ansah, wie sehr er sich das für mich wünschte. Hand in Hand gingen wir den Gang entlang nach vorn.

Ein Saalordner führte uns zu einem Mann im braunen Franziskanergewand, ein Seil um die Taille geschlungen, Sandalen an den Füßen. Er bat mich, ihm von meinem Leiden zu erzählen, hörte zu und sagte dann: »Ein Freund von mir hatte Rheuma. Es wurde für ihn um Heilung gebetet. Daraufhin ging es ihm den Sommer über allmählich besser, und am Ende des Sommers war er geheilt.«

Pfarrer Kelleher legte seine Hand auf meine Schulter und betete im Namen Jesu für meine Heilung. Als ich die Aula verließ, zog ich mein Bein genauso hinter mir her wie vorher.

Doch innerhalb der nächsten Woche bemerkte ich eine kleine, bedeutsame Veränderung.

Eines Morgens, als ich Frühstücksflocken in eine Schale schüttete, wusste ich, dass etwas anders war. Hoffnung erwachte. Von diesem Tag an ging es aufwärts. Kondition und körperliche Fähigkeiten wuchsen.

Genauso, wie der Frühling in New York dafür sorgt, dass der Saft durch die Bäume fließt und neue Knospen sprießen, so kam meine Kraft langsam zurück. Meine Hände fingen an, Deckel zu greifen und aufzudrehen, an den Verschlüssen widerspenstiger Saftverpackungen zu ziehen und sie zu besiegen. Meine Füße wurden wieder brauchbar. Ich hörte auf, meine Schritte zu zählen. Wir fingen an, die Medikamente zu reduzieren. Als die Dosis vermindert wurde, verbesserte sich meine körperliche Gesundheit weiter.

Der Arzt hatte es noch nie erlebt, dass jemand die Medikamente ausschlich. Normalerweise brauchten die Patienten zusätzliche Arzneien. Acht Monate später nahm ich keine der verschriebenen Medikamente mehr und war völlig geheilt!

Ed und ich durchsuchten die Bibel nach Stellen über Heilung. Wir lasen Bücher von Christen, die im Namen Jesu für Kranke beteten und dann sahen, wie sie geheilt wurden. Nun fingen wir an, in dem Gebetstreffen, das wir besuchten, für Kranke zu beten.

Eine Frau mit Fersensporn erlebte eine völlige Heilung, als Ed im Namen Jesu für sie betete. Ein Mann wurde von Rückenschmerzen befreit. Eine Frau, die ihren Arm wegen Schulterbeschwerden nicht heben konnte, wurde geheilt und sagte ihre Operation ab.

Die Menschen erfuhren, was Gott tat, und suchten uns auf, damit wir für sie um Heilung beteten. Am Sonntag nach der Kirche drängten sich die Menschen um uns und baten um Gebet. Einige Monate vorher hatten meine Hände geschmerzt und waren nutzlos gewesen, doch jetzt spürte ich den Strom des Heiligen Geistes durch meine Finger fließen, manchmal die ganze Nacht durch.

Wir beteten weiter und studierten Gottes Wort. Schließlich spürten wir beide, dass der Herr uns dazu aufforderte, unsere Arbeit aufzugeben. Wir fingen einen Heilungsdienst durch Jesus Christus an, den wir *Bridge for Peace* nannten. Bisher waren wir in zwanzig Ländern, haben Jesus Christus als unseren Arzt verkündigt, für die Kranken gebetet, Teams ins Leben gerufen, die für Heilung beten, und Wunder bezeugt.

Als wir in Australien waren, sagte eine Frau zu mir: »Annette, ich hätte Sie fast angerufen. Mein Neffe ist vor drei Monaten an Rheuma gestorben.«

Sie fiel mir schluchzend in die Arme. Ohne die Macht von Jesus Christus wäre meine Geschichte wahrscheinlich auch so ausgegangen wie die des jungen Mannes. Sein früher Tod bestärkte mich in der Entschlossenheit, eine Botschaft der Hoffnung weiterzugeben, und ich entschied mich erneut, die Kraft, die mir gegeben ist, im Dienst für Menschen zu nutzen, die sich durch die Dunkelheit von Krankheit und Verzweiflung tasten.

Eine Bootsladung voller Ärger

Judy Parrott

Mein Vater fragte herum nach einem großen Stück Draht, um den herunterhängenden Auspufftopf des *Buicks* zu befestigen, er fand ein illegales Nummernschild für den Anhänger und kuppelte die Bremsanlage des Anhängers an das Auto. Er verschwieg mir jedoch, dass der einzige Anhänger, den er besaß, um das acht Meter lange Hausboot zu transportieren, bei Weitem nicht die Kapazität für eine solch gewaltige Ladung hatte. Er vergaß auch, mich darauf hinzuweisen, dass auf unserer Reise von Michigan nach Georgia die Radmuttern des Anhängers alle hundertfünfzig Kilometer nachgezogen werden mussten.

Ganz schön kleine Räder, stellte ich fest, ohne aber weiter darüber nachzudenken.

Mein Vater war ein vergesslicher, aber liebenswerter Geschäftsmann, der oft Risiken einging, von denen vorsichtigere Menschen die Finger gelassen hätten – vor allem dieses Mal: Wegen eines Bootsverkaufs setzte er durch seinen Leichtsinn sogar unser Leben aufs Spiel. Normalerweise ging mit seinen riskanten Entscheidungen alles gut, aber in diesem Fall wäre ich vielleicht nicht hier, um die Geschichte zu erzählen, wenn Gott schwerhörig gewesen wäre.

An dem heißen Julitag damals machte ich mich mit meinem zwölfjährigen Sohn Rob auf den Weg. Ich hatte noch nie so ein riesiges Boot gezogen und war beeindruckt, dass mein Vater mir etwas so Wertvolles anvertraute.

Auf einem Parkplatz in Tennessee verbrachten wir eine angenehme erste Nacht in dem eleganten neuen Hausboot. Nach dem Frühstück ging es weiter über die Berge von Tennessee. Der Anhänger hatte Mühe, gerade hinter dem Auto zu bleiben.

Vielleicht lenke ich zu stark. Ich muss mich ein bisschen entspannen, dachte ich.

Der *Buick* schaffte es gerade noch so den ersten hohen Berg hinauf. Wir erreichten den Gipfel. Aber das war nur die eine Sache. Die Kontrolle zu behalten, als das Boot das Auto mit Wucht den steilen Hang hinunterschob, war die andere.

Das Auto und das Hausboot wurden schneller und schneller. Ich trat auf die Bremse – erfolglos.

Es roch nach Gummi; ich hielt aufgeregt Ausschau nach einer Ausweichrampe, wo Lastwagen die Straße verlassen und aufwärtsrollen können, wenn die Bremsen versagen – umsonst.

Es kam noch schlimmer!

Mit Entsetzen merkte ich, dass ich die Kontrolle über den Wagen verloren hatte. Das Auto riss aus und schlingerte über die vierspurige Autobahn. Dann schoss es auf eine Schlucht zu.

Rob brachte aus lauter Angst kein Wort heraus. Er war überzeugt, wir würden über eine Klippe stürzen und sterben.

»Jesus!«, schrie ich aus voller Lunge.

Plötzlich, wie von einer riesigen Hand geschoben, drehte sich der Wagen vollständig herum auf den Mittelstreifen zu, und ein großer Gegenstand flog über die Motorhaube.

Fahrzeug und Anhänger, fünfzehn Meter lang, blieben abrupt stehen und blockierten die gesamte Straße.

Rob und ich machten uns auf den unausweichlichen Aufprall gefasst, als Fahrzeuge um die Kurve rasten, direkt auf uns zu.

Der Motor wurde abgewürgt, aber – unglaublich – er sprang gerade noch rechtzeitig an, um den Anhänger zum Mittelstreifen zu ziehen, nur ein paar Zentimeter weg vom Verkehr.

Das Boot ragte unbeschädigt in die Höhe, wie eine geschützte Königin auf ihrem Thron. Der einzige sichtbare Schaden war die stark verbogene Anhängerkupplung. Dass die Achse des Anhängers beinahe entzweigebrochen und das fliegende Objekt ein Reifen gewesen war, merkten wir erst später.

Ein Fernfahrer, der ein Unglück vermutete, hielt in der Nähe an.

»Ich habe gesehen, wie die Räder geeiert haben. Sieht aus, als hätten Sie Schwierigkeiten«, sagte er. Der freundliche Mann trennte mein Fahrzeug vom Anhänger und gab mir die verbogenen Teile der Anhängerkupplung mit. Rob und ich machten uns auf den Weg zur nächsten Stadt.

Ich rief meinen Mann aus einer Tankstelle in Lake City in Tennessee an, und ein Fremder, der unser Gespräch mit angehört hatte, bot mir an, die Anhängerkupplung kostenlos zu reparieren. Ein Polizist in der Tankstelle warnte uns:»Sie sind verpflichtet, dreieckige Warnreflektoren um diesen Anhänger herum aufzustellen, sonst sind Sie verantwortlich für jeden Unfall, den er verursachen könnte.«

Rob und ich zogen los, um Reflektoren zu kaufen, aber die beiden Läden, die wir fanden, nahmen keine Kreditkarten, und ich hatte kaum Bargeld dabei.

Geh um den Block, sagte mir eine Stimme. Ein Schild in einem Laden bot die gleichen Reflektoren zu einem Sonderpreis an; sie kosteten genau so viel, wie Rob und ich an Bargeld zusammengekratzt hatten – neunzehn Dollar und acht Cent. Der Hirte, der versprochen hat, uns zu führen, war uns vorausgegangen und hatte unseren Weg geebnet.

Nachdem wir die Warnhinweise um das Boot herum aufgestellt hatten, rief ich aus der Stadt meinen Vater an. Er fühlte sich schuldig, als ich ihm sagte, was passiert war.

»Ist schon in Ordnung, Papa«, sagte ich.»Ende gut, alles gut.«

Allerdings – es war noch nicht zu Ende.

»Mama, in diesem Motel gibt es einen Swimmingpool mit Rutsche. Können wir reingehen und da auf Papa warten?«, fragte Rob.

Nach all der Aufregung genoss ich es, mich irgendwo auszuruhen, etwas Gutes zu essen und schwimmen zu gehen. In dem Motel konnten wir in aller Ruhe auf meinen Mann warten, der uns helfen wollte, das Hausboot nach Hause zu bringen. Als i-Tüpfelchen schenkte Gott uns am Abend noch einen herrlichen Sonnenuntergang in Pfirsich- und Goldtönen, eingerahmt von gezackten Bergen.

Das war eine angenehme Art, einen Tag zu beenden, an dem wir auf übernatürliche Weise vor dem sicheren Tod gerettet worden waren!

In der Zwischenzeit fand mein Mann Roger nach vielen Telefonaten eine Achse, allerdings dreihundert Kilometer südlich von Alpharetta in Georgia, wo wir wohnten. Die Achse mit der ungewöhnlichen Größe, die wir brauchten, war dort gerade in Arbeit. Wenn jemand käme, um sie abzuholen, wäre sie bis dahin fertig, hieß es. Wenn das keine göttliche Fügung war!

Unser Sohn Dave, der in der Nähe unserer Heimatstadt lebte, bot an, die Achse mit seinem Lieferwagen abzuholen. Er kam um zwei Uhr nachts bei uns zu Hause an. Anschließend setzte sich mein Mann hinter das Steuer von Daves Wagen und brach noch in der Nacht nach Tennessee auf.

Als er um sechs Uhr morgens in Lake City eintraf, merkte Roger, dass Dave ihm den Schlüssel für den Tankdeckel nicht gegeben hatte. Er musste das Einfüllrohr, das zum Benzintank führte, auseinandernehmen, um diesen zu füllen.

Ich fuhr aus dem Schlaf, als am frühen Morgen an meine Moteltür geklopft wurde, war aber sehr dankbar, meinen erschöpften Mann begrüßen zu können. Wir fuhren die wenigen Kilometer zur Autobahn, um nach dem Boot und dem Anhänger zu sehen.

Sie waren weg! Weit und breit war nicht das Geringste von ihnen zu entdecken!

Ich traute meinen Augen nicht. Ich wusste, wo ich den Anhänger zurückgelassen hatte, aber Roger dachte, ich wäre etwas durcheinander.

»Wie konnte jemand den Anhänger mit einer gebrochenen Achse und einem fehlenden Reifen bewegen?«, fragte er.

Wir fuhren nach Lake City zurück und fragten einen Tankstellenwart, ob er auf seinem Weg zur Arbeit ein großes Boot am Straßenrand gesehen habe. Er wusste von nichts, aber eine Frau, die gerade vorbeiging, wusste Bescheid. Sie hatte um acht Uhr am Abend vorher gesehen, wie ein Boot von *Browns Pannenservice* aus dem nahe gelegenen Clinton auf der Autobahn abgeschleppt wurde. Die Frau erklärte uns den Weg, und wir fanden tatsächlich unser Boot wieder.

Von Mr Brown vom Pannenservice erfuhren wir, dass die Polizei ihn angewiesen hatte, das gefährliche Hindernis von der Autobahn abzuschleppen. Deshalb hatte er Boot und Anhänger zu seiner Werkstatt gebracht. Wir waren erleichtert, eine sichere, ebene Parkfläche zu haben, um den Anhänger zu reparieren. Mr Brown berechnete uns einen fairen Betrag für das Abschleppen und lieh uns sogar sein Werkzeug – was sonst so gut wie nie vorkommt, habe ich mir von Mechanikern sagen lassen.

Während Roger den Anhänger auseinandernahm, um die Achse zu ersetzen, half mir Mr Brown bei meiner Suche nach einem Lager mit dazugehörigem Laufring und zwei Reifen, da ein zweiter von den vier Reifen ebenfalls kaputtgegangen war. Die Reifen hatten aber ein Sondermaß, und im Umkreis von achtzig Kilometern war die benötigte Größe nicht zu bekommen. Ich hielt an einem Schrottplatz, meine letzte Hoffnung, doch ohne Erfolg.

Während ich auf einem Stapel Reifen saß und Reifenhändler in größerer Entfernung anrief, fragte ich Gott um Rat. In diesem Augenblick rief der Verkäufer: »Na so was! Ist das zu fassen? Meine Dame, Sie sitzen genau auf den Reifen, die Sie brauchen!«

Er verkaufte mir zwei brandneue Reifen für nur zehn Dollar. Ich habe mir seither oft überlegt, wie wohl diese neuen Reifen in Sondergröße auf den Schrottplatz gelangen konnten.

Das Lager und andere Teile fand ich schließlich in einem Ersatzteillager.

Als ich zurückkam, regte ich mich auf, weil das Lager nicht in der Tüte war. Doch Roger untersuchte das Rad und stellte fest, dass doch keines gebraucht wurde! Zum Glück hatte es der Laden auch gar nicht berechnet. Dies bestätigte wieder einmal Gottes unsichtbare Gegenwart, und es begeisterte mich, dass er bis in die kleinsten Einzelheiten hineinwirkte.

Noch vor Sonnenuntergang war die neue Achse montiert, und Roger und Rob machten sich mit dem Auto und dem Anhänger auf den Weg. Roger war es nicht gelungen, die Anhängerbremsen zu reparieren, was mir große Sorgen um seine Fahrt durch die Berge bereitete.

»Bitte schlaft heute im Boot, und repariert sie morgen«, bat ich ihn. Er nahm die Sache jedoch gelassen und wollte unbedingt um Mitternacht zu Hause sein. Die Radmuttern waren diesmal fest angezogen, aber der Anhänger war nicht stabiler als vorher. Trotzdem fuhren sie los, und ich folgte ihnen im Lieferwagen mit inbrünstigen Gebeten.

Sie erklommen den ersten steilen Berg, doch auf dem Weg nach unten fing der Wagen an, zu schlingern.

Ich beobachtete es voller Entsetzen. Bald war das Gespann außer Kontrolle, genau, wie ich befürchtet hatte, und steuerte auf ein Eisengeländer zu.

Hinter dem Geländer ging es ins Nichts!

Wieder schrie ich nach Jesus, und im selben Moment hörten sie auf, zu schwanken, und fuhren gerade, als wäre nichts passiert.

Ich wusste nicht, wie es Roger ging, aber ich zitterte.

Am nächsten Rastplatz hielt ich an, machte den Motor aus und weinte. Kurz darauf drehte ich den Schlüssel, um den Wagen wieder zu starten, doch nichts passierte.

Ich fiel aus allen Wolken. Die Batterie war tot.

Alle Leute auf dem Rastplatz sahen, wie ich die Motorhaube öffnete; sie drängten sich um mich und versuchten, zu helfen, aber keine ihrer Bemühungen zeigte eine Wirkung.

Mir fielen all die Wunder ein, die ich an diesem Tag schon erlebt hatte. Inmitten meiner neuen Bekannten bat ich Gott, den Wagen anspringen zu lassen.

Gleich darauf knallte ich die Motorhaube zu, setzte mich ins Auto, drehte den Schlüssel und sauste davon wie Elia in seinem feurigen Wagen!

Die Menschen, die mir ihre Hilfe angeboten hatten, standen da und starrten auf mein Rückfenster. Das wäre der perfekte Moment für einen Bekehrungsaufruf gewesen!

Bald merkte ich, dass ich fast kein Benzin mehr hatte.

»Herr«, betete ich, »ich habe ein Problem. Ich habe keinen Tankschlüssel und kein Bargeld. Was soll ich tun?«

Folge dem Sattelschlepper vor dir, sagte eine Stimme in meinem Inneren.

Er nahm gerade die nächste Abfahrt, also machte ich es auch so. Dort, gleich vor mir, tauchte eine Tankstelle auf, die auf der Autobahn nicht angezeigt worden war. Der Tankwart hörte sich meine Notlage an, griff in seine Tasche und zog zu meinem Erstaunen einen Tankschlüssel hervor! Und er akzeptierte sogar meine Kreditkarte.

Als ich endlich in unsere Heimatstadt kam, hielt ich an einer Ampel. An der Kreuzung überquerte das Boot gerade meine Straße und war auf dem sicheren Heimweg.

Dies sind nur einige der Wunder, die Gott auf jener Reise tat. Immer, wenn ich versucht bin, mich entmutigen zu lassen, überlege ich mir, was er in der Vergangenheit für mich getan hat. Die Liste ist lang und wächst immer noch. Er hat versprochen, dass denen, die ihn lieben, alles zum Besten dienen muss, und dieses Versprechen hält er.

Ein Mann namens Andy

Timothy J. Burt

An einem beinahe vollkommenen Abend Anfang September ging ich an der Münzprägeanstalt von Denver vorbei. Ich hatte gerade meine einzige Mahlzeit des Tages in einem Schnellimbiss zu mir genommen und schlenderte nun zur Episkopalkirche zurück, wo ich die vergangenen drei Nächte zusammen mit anderen Leuten von der Straße, mit Mittellosen und Ausreißern, im Untergeschoss verbracht hatte.

Mit neunzehn Jahren hatte ich Ende August mein Zuhause verlassen und war von Monmouth County in New Jersey nach Denver in Colorado getrampt. Ich hatte die Nase voll gehabt von meiner Familie, in der seit langer Zeit nur noch Chaos, Kritik und Beleidigung herrschten. Die Probleme hatten sich in diesem Sommer zugespitzt, nachdem mein jüngerer Bruder wegen seines Nachtlebens und Drogenmissbrauchs vom College geflogen war. Dazu hatten meine Eltern herausgefunden, dass Bob nicht nur selbst Drogen nahm, sondern auch noch mit zahlreichen Drogen handelte.

Dass ich in diesem Sommer mein Leben Jesus übergeben hatte, war für meinen atheistischen Vater nicht weniger beunruhigend gewesen. Er hatte unmissverständlich klargemacht, dass seine Hoffnungen und Träume für meinen Bruder und für mich in Scherben lagen.

Eines Nachts hatte ich es einfach nicht mehr ausgehalten und war geflohen. Mit fünfzig Dollar in der Tasche, einem Schlafsack und einem Rucksack voller Kleider und Proviant war ich um halb drei Uhr nachts nach Colorado aufgebrochen. Ich hatte die Absicht gehabt, nach Steamboat Springs zu gehen und mich mit Gelegenheitsjobs auf der Skipiste durchzuschlagen.

Gott hatte andere Pläne.

Ein Fremder kam vor der Münzprägeanstalt in Denver auf mich zu.

»Hallo«, sagte ich.

»Wie geht es dir heute Abend, mein Bruder?«, fragte er.

Ihm war schnell klar, dass ich an diesem Tag noch nicht viel zu essen gehabt hatte, und er bestand darauf, dass ich mit ihm kam, um irgendwo etwas zu essen. Ich wehrte ab, doch er ließ nicht locker. Sein Name war Andy Witherspoon. Er erzählte mir, er arbeite in der Gegend um Denver auf dem Bau und verbringe viel Zeit damit, Straßenkindern und Ausreißern zu helfen. Seinen Aussagen zufolge lebte er irgendwo außerhalb der Stadt und gab das meiste Geld, das er verdiente, an andere weiter. Deshalb befand sich seine ganze Habe in der bescheidenen Sporttasche, die er bei sich trug.

Andy war ein kleiner, schlanker Schwarzer im mittleren Alter; ich fragte mich, wie er die Arbeit auf dem Bau bewältigte.

Er schien intuitiv eine Menge über mich zu wissen, aber ich vermutete, dass das einfach daran lag, dass er viel Zeit mit Ausreißern verbrachte und schon lang Gemeinsamkeiten bei diesen beobachtete. Andy verurteilte mich nicht dafür, dass ich weggelaufen war. Er verstand, dass ich mich mit meinem neu entdeckten Glauben in der aggressiven Stimmung zu Hause unwohl fühlte, aber er war beunruhigt, dass ich so eine weite Strecke zurückgelegt hatte und so eine Feindseligkeit mit mir herumtrug.

Während wir aßen, legte er mir ans Herz, nach Hause zu gehen und mich mit meinen Eltern zu versöhnen. Dieser kleine Mann, der nie über die neunte Klasse hinausgekommen war, empfahl mir dringend, mein Studium abzuschließen, auch wenn ich keinen Sinn darin sah – ich war der Meinung, der Herr würde sowieso in wenigen Jahren wiederkommen.

Gottesfürchtige Weisheiten und Ratschläge kamen von diesem demütigen kleinen Mann, aber ich war zu verhärtet, um seine Worte anzunehmen.

Es wurde Abend, und Andy wies mich an, zu beobachten, wie er mit einem Bettler umging. Der Mann wollte Geld, aber Andy gab ihm mehr. Er sprach ihm respektvoll ins Herz und kümmerte sich um seine wahre, geistliche Not. Nach nur ein paar Minuten der Begegnung mit Andy Witherspoon ging der Mann lächelnd davon. Ohne Geld. Solche Weisheit und Liebe gingen von Andy, diesem einfachen Mann, aus.

Danach trafen wir einen reichen Jungen aus Indiana, der körperlich behindert war. Der Junge lebte in einem teuren Hotel in Denver. Diesen reichen Jungen behandelte Andy mit genau dem gleichen Respekt und mit der gleichen Würde wie dreißig Minuten vorher den Bettler. Mir wurde bewusst, dass keiner meiner Professoren am College so viel Weisheit und Erkenntnis wie dieser sanfte Mann besaß. Niemand, der mir je begegnet war, redete wie Andy Witherspoon.

Andy legte dem Jungen aus Indiana nahe, mich in seinem Hotelzimmer übernachten zu lassen; der Junge war einverstanden. Zur Episkopalkirche zurückzulaufen, war unnötig, denn alles, was ich besaß, trug ich auf dem Rücken. Ich war dankbar, die Nacht in einem sauberen, sicheren, ruhigen Zimmer verbringen zu können, und dachte, ich würde Andy nie wiedersehen.

Am nächsten Morgen wachte ich früh auf und verließ bald das Hotel. Zwei Tage zuvor hatte ich ein paar jungen Pastoren geholfen, einiges an Ausrüstung und Theaterbeleuchtung zu transportieren. Sie hatten mich zu einer besonderen Musikveranstaltung am Sonntagmorgen in die *First Church of the Nazarene* eingeladen, und ich war entschlossen, irgendwie dorthin zu kommen. In der letzten Woche war ich fast zweitausendfünfhundert Kilometer per Anhalter gereist, aber jetzt erwischte mich die Polizei. Nur, weil ich am Sonntagmorgen zu einer elf Kilometer entfernten Kirche trampte. Sie verhängte mir ein Bußgeld und – brachte mich dann rechtzeitig zur Kirche. Bei meiner ganzen langen Reise bekam ich nur einmal eine Geldstrafe, und dies gerade dann, als ich versuchte, in eine Kirche zu gelangen!

Die Veranstaltung gefiel mir, und hinterher wurde ich noch eingeladen, zum gemeinsamen Mittagessen zu bleiben. Anschließend setzte mich eine Familie, die beim Essen dabei gewesen war, in der Nähe des Busbahnhofs ab. Ich wollte den nächsten Bus nach Steamboat

Springs nehmen und dort mein Leben mit Skifahren und Jobben verbringen.

Doch Gott hatte andere Pläne.

Weil ich am Vormittag zur Kirche gegangen war, hatte ich den frühen Bus nach Steamboat Springs verpasst. Der nächste Bus fuhr erst am Abend. So hatte ich viel Zeit, um an einem weiteren herrlichen September-Nachmittag die Gegend anzusehen oder einfach nur auszuruhen.

Ich streckte mich in Denvers größtem Park im Gras aus und schloss die Augen. Nicht einmal, als ich glaubte, meinen Namen gehört zu haben, schaute ich hoch, denn schließlich kannte mich hier niemand, und ich war allein in diesem riesigen Park.

Die Stimme rief noch mal deutlich: »Tim!« Ich setzte mich auf und sah mich um. Es war Andy Witherspoon! Als ich mich vor zwei oder drei Minuten hingelegt hatte, war er noch nicht da gewesen. Ich erzählte ihm alles über die Musikveranstaltung in der Kirche, über das Bußgeld, das die Polizei mir abgeknöpft hatte, meine Pläne mit Steamboat Springs, die Abfahrtszeit des nächsten Busses und wie ich mir meine Zukunftspläne vorstellte.

Während wir uns unterhielten, bestand ich darauf, dass er mit mir irgendwo zum Essen ging; dieses Mal wollte ich ihn einladen. Wir entdeckten einen Hähnchenimbiss, wo wir uns zusammen hinsetzten und redeten.

»Was für ein Zufall, dass ich mich zur gleichen Zeit im Park hingelegt habe wie du ...«

O ja, was für ein »Zufall«.

Andy versuchte mich nach besten Kräften dazu zu überreden, dass ich nach Hause fuhr. Er betonte, aus zwei Mal Unrecht werde kein Recht, ich solle nach Hause gehen, mich mit meinen Eltern versöhnen und mein Studium fortsetzen. Dabei solle ich mir keine Gedanken über Fächerwahl und Noten machen, sondern einfach nur ans College gehen, um zu lernen, wie man lernt. Und das sagte ein Mann, der von sich sagte, dass er die neunte Klasse nie abgeschlossen hatte!

Seine Worte trafen mich ins Herz. Die Wahrheit erzielte ihre Wirkung. Gott brachte mich genau hier, genau jetzt an den Punkt, an dem ich meinen Widerstand aufgab. Ich saß mit einem kleinen Mann mittleren Alters in einem öffentlichen Lokal, konnte nicht aufhören, zu weinen, und drehte mein Gesicht immer wieder zur Wand, als Andys Weisheit und Sorge meine Pläne infrage stellten. Der Schmerz von Verletzungen, Ängsten und Kritik in beinahe zwanzig Jahren wurde gelindert.

Andy wusste, dass das Herumvagabundieren auf der Skipiste mich von meinem neu gefundenen Glauben an Gott abbringen würde. Er wusste auch, dass ich Gottes Botschaft am Vorabend nicht angenommen hatte. Schließlich sagte ich Andy, dass ich nicht nach Steamboat Springs gehen würde, sondern nach Hause.

Nach dem Essen verabschiedeten wir uns vermutlich; nach all diesen Jahren weiß ich das nicht mehr so genau. Jedenfalls kaufte ich, statt um halb acht den Bus nach Steamboat Springs zu nehmen, ein Ticket nach Ohama in Nebraska – weiter reichte das Geld nicht, das ich noch hatte.

Wer war Andy Witherspoon? Er tauchte »zufällig« an zwei kritischen Punkten dieser Reise mit einer speziellen Botschaft von Gott für mich auf, und er behauptete, irgendwo außerhalb von Denver zu wohnen. Doch er hatte kein Auto, um hin und zurück zu kommen, und nur wenige Kleider zum Wechseln und ein paar Kleinigkeiten in seiner Sporttasche. Andy gab an, auf dem Bau zu arbeiten, doch normalerweise ist diese Arbeit eher den rauen Typen vorbehalten, die nicht so klein sind wie Andy und nicht so ein sanftes Wesen haben wie er. Und er verschenkte den größten Teil seines Geldes?

Mir fällt Hebräer 13,2 ein: *Vergesst nicht, Fremden Gastfreundschaft zu erweisen, denn auf diese Weise haben einige Engel beherbergt, ohne es zu merken!*

Es war halb zwölf Uhr nachts in Omaha, als ich in östlicher Richtung trampte. Ein Mann Mitte dreißig nahm mich in seinem kleinen Sportwagen mit. Er war auf dem Weg nach Illinois und meinte, er könne Gesellschaft brauchen, um besser wach zu bleiben. Er könne außerdem etwas Benzin brauchen – seine Tankanzeige zeigte nur noch weniger als ein Viertel an. Wir hielten nach Tankstellen Ausschau, als wir das Zentrum von Omaha verließen, und fuhren sogar ein paar Mal von der Autobahn herunter, aber die Tankstellen hatten alle geschlossen. Der Fremde und ich fuhren die ganze Nacht, bis fast sechs Uhr morgens, bevor wir eine Tankstelle fanden, die gerade aufmachte.

Menschlich gesehen, war es unmöglich, so lange mit einer Vierteltankfüllung zu fahren. Gott muss das Benzin vervielfacht haben. Es war eindeutig ein Wunder!

Ich trampte den Rest der Strecke nach Hause, beendete das College und spielte in einer christlichen Band. Die Lebensreise, auf die Gott mich schickte, führte letztendlich zu einem weiteren Studium, zu einer Berufung zum christlichen Lebensberater und zu einer ehrenamtlichen Arbeit als Krankenhausseelsorger. Ich fühle mich geehrt, in diesen Diensten arbeiten zu dürfen und zu wissen, dass Gott mich benutzt, um – auf ganz kleine Weise – andere so zu beeinflussen, wie Andy mich vor langer Zeit beeinflusst hat.

Nichts ist unheilbar

Marty Prudhomme

»Fibromyalgie ist unheilbar; die Ursachen dafür kennen wir nicht. Sie werden wahrscheinlich später an den Rollstuhl gefesselt sein«, erklärte der Arzt nüchtern.

Damals, als ich diese Auskunft bekam, waren nur Schmerztabletten und Muskelrelaxantien – also Substanzen zur Entspannung der Muskulatur – zur Behandlung von Fibromyalgie erhältlich. Dr. Samuel hielt beides nicht für eine Lösung; die Tabletten machten abhängig, und die Dosis musste ständig erhöht werden, um die Schmerzen in Schach zu halten.

Er verschrieb mir etwas für besseren Schlaf und schickte mich zu einer Physiotherapeutin, die auf Fibromyalgie spezialisiert war. Der Arzt meinte, durch die Krankengymnastik würden die Muskeln länger in Bewegung bleiben, und die Steifheit würde ein wenig gelindert werden.

Nach fünfundzwanzig Jahren mit Schmerzen war ich erleichtert, endlich die Ursache dafür zu kennen. So schwierig die Diagnose auch war, war ich doch froh, dass ich kein Hypochonder war. In der Vergangenheit hatten die Ärzte nur meine verschiedenen Symptome behandelt, ohne ihnen auf den Grund zu gehen.

Der Anfang meines Kampfes waren Schmerzen in meinen Beinen und Füßen gewesen; damals war ich Ende zwanzig. Ich schob die Beschwerden auf eine schlechte Durchblutung und trug deshalb dicke Kompressionsstrumpfhosen, obwohl das für eine junge Frau nicht gerade modisch war. Dann plagten mich zusätzlich meine Schultern. Ich vermutete eine Verspannung und war jedem dankbar, der mir die Schultern und den Hals massierte.

Viele treue Freunde beteten für mich, und diese Gebete erhielten mich aufrecht in den Jahren, in denen sich Schleimbeutelentzündungen, Knieschmerzen und andere seltsame Gebrechen gegenseitig ablösten. Ein ganzes Jahr lang hatte ich so einen starken Schmerz in meinem Brustkorb, dass ich vermutete, eine Rippe sei gebrochen oder verschoben. Der Arzt diagnostizierte Costochondritis, eine Entzündung des Knorpels im Brustkorb, möglicherweise durch hormonelle Veränderungen in meinen Vierzigern ausgelöst. Die verschiedenen Schmerzen und Leiden hörten nicht auf; ich fühlte mich wie eine unverbesserliche Meckerziege.

Meine Familie konnte oft nicht verstehen, was ich durchmachte, weil ich jahrelang von außen ganz normal aussah. Sie beschwerten sich: »Du willst nie etwas unternehmen«, weil sie nicht wussten, dass sogar das Gehen schmerzte.

Die Physiotherapeutin half mir, in Bewegung zu bleiben, aber an den Tagen, an denen sie die Tiefenmuskulatur massierte, weinten wir beide, weil sie mir wehtun musste. Sie versuchte, mich zu trösten: »Das ist gut für Sie, es hält Ihre Muskeln in Bewegung.«

Mein Tagesablauf blieb immer der gleiche. Tag für Tag lag ich auf dem Sofa und musste mit ansehen, wie sich die Wollmäuse ansammelten und die Wäscheberge immer höher wurden. Irgendwann warf mein Mann einige Ladungen Wäsche auf mich. Manche Handtücher waren noch warm vom Trockner. Ich dachte: *Das ist gut. Vergrab mich einfach in der Wäsche, das ist keine schlechte Art, zu sterben.*

So nach und nach wurden meine Muskeln immer steifer. Ich war fünfzig Jahre alt, aber wegen der Steife und der Schmerzen bewegte ich mich wie eine Achtzigjährige. Dazu kam die Schlaflosigkeit, ebenfalls eine Auswirkung der Fibromyalgie. Meist schlief ich in der Nacht nur zwei Stunden, sodass ich geistig und körperlich nie voll leistungsfähig war. Für die einfachsten Dinge brauchte ich unendlich viel Zeit und Mühe.

Nie werde ich den Nachmittag vergessen, an dem ich von einer besonders schweren Physiotherapiestunde nach Hause gekommen war. In Rücken, Beinen und Schultern pochte der Schmerz. Ich vergrub mein Gesicht im Sofakissen und weinte.

»Gott, auch wenn du mich nie heilst und ich nicht von diesem

Sofa herunterkomme, vertraue ich dir trotzdem«, rief ich. »Selbst wenn die Schmerzen gar nicht mehr weggehen und ich nicht für meine Familie sorgen kann, weiß ich, dass du gut bist. Nichts kann mich von deiner großen Liebe trennen. Du verlässt mich nie, und ich entscheide mich, dir zu vertrauen.«

Eine große Ruhe erfasste mich, und ich spürte tiefen Frieden in meinem Inneren. Ich wusste, egal, was die Zukunft bringen würde, Gott war auf meiner Seite. Ich konnte einfach nur gewinnen. Wenn Gott für mich den Plan hatte, dass ich ihm außerhalb meines Hauses dienen sollte, dann würde er mich heilen. Wenn er wollte, dass ich auf dem Sofa blieb und ihm vertraute, dann würde ich das tun.

Es war nur ein einfaches Hingabegebet, aber ich glaube, geistlich gesehen war es ein Meilenstein. Ich spürte in den nächsten Tagen ein überwältigendes Gefühl des Wohlergehens. Körperlich hatte sich nichts geändert, ich hatte immer noch Schmerzen. Aber ich wusste, es würde alles gut werden.

Ein paar Monate später ging ich zu einer Frauenfreizeit und unterhielt mich mit einer Frau, die ich seit der Freizeit vor einem Jahr nicht mehr gesehen hatte. Bernita erzählte mir von einem Traum, in dem sie gesehen hatte, wie ich mich niederbeugte und betete. »Hast du Fibromyalgie?«, fragte sie. »In meinem Traum hörte ich den Herrn sagen, er würde dich von Fibromyalgie heilen.«

Bernita kannte mich nicht besonders gut und hatte keine Ahnung von meinen Kämpfen.

»Was ist Fibromyalgie?«, fragte sie. Sie wusste nichts über diese Krankheit. Ich lachte, weil nur Gott ihr diesen Traum geschickt haben konnte. Er ließ mich wissen, dass ich geheilt werden würde. Bernita betete an diesem Tag für mich, und ich versprach, ihr mitzuteilen, wenn ich geheilt wäre.

Sechs Monate später war mein Zustand immer noch derselbe. Dann lud mich meine Freundin Gail zu sich nach Oregon ein. Sie war der Meinung, ich bräuchte einen Ortswechsel, und schickte mir ein Flugticket. Gail und ihr Mann Greg sind Pastoren und waren früher als Missionare in Costa Rica, wo sie häufig miterlebt hatten, wie Menschen durch Gebet geheilt wurden. Sie hatten schon oft für mich gebetet und glaubten an Wunder.

»Wir wissen nicht, was Gott tun wird. Komm einfach, und lass dich von unserer Liebe überschütten«, sagte Gail.

Als ich das Flugzeug bestieg, erwartete ich plötzlich Großes. An meinem ersten Abend in Oregon hatte Gail eine Gruppe von Frauen zum Bibelstudium bei sich zu Hause. Nachdem sie die Bibelarbeit beendet hatte, fragte sie die Teilnehmerinnen, ob sie gern für etwas beten wollten.

»Ich denke, wir sollten für Marty beten«, sagte eine Frau schüchtern.

Sie nahmen mich in ihre Mitte und beteten, dass die Krankheit in meinem Körper gebunden und Heilung im Namen Jesu freigesetzt würde. Meine Anspannung ließ nach, ich spürte die Wärme ihrer Hände auf meinen Schultern. Ein wohltuender Friede erfasste mich.

Nach dem Gebet brachte Gail Getränke, und wir unterhielten uns noch. Eine halbe Stunde später merkte ich, dass die Wärme einer Hand auf meiner Schulter immer noch da war. Ich fühlte keinen Schmerz. Überglücklich sahen wir das als eine Berührung vom Herrn.

Ich wusste, dass Gott mich geheilt hatte. Es gab kein Feuerwerk am Himmel, kein Geräusch in meinen Ohren, ich hörte keine himmlische Stimme. Ich wusste nur: Ich war geheilt. Gott schenkte mir eine friedevolle Gewissheit darüber. Als ich an diesem Abend zu Bett ging, pries ich den Herrn für seine Güte und schlief seit Jahren zum ersten Mal die ganze Nacht durch.

Am nächsten Tag putzten wir Gails Küchenschränke. Ich war auf dem Boden, und mein Kopf steckte in einem Schrank, als mir auf einmal bewusst wurde, dass ich keine Schmerzen hatte. Zum ersten Mal, seit ich Ende zwanzig war, arbeitete ich schmerzfrei.

Ich blieb einen Monat in Oregon bei meinen Freunden. Wir spazierten an den herrlichen, wilden Stränden des Pazifischen Ozeans entlang, machten Wandertouren durch das üppig bewachsene Kaskadengebirge und kletterten Felsen hinauf, um atemberaubende

Wasserfälle zu sehen. Wir lachten über alles und jedes – das war die Freude des Herrn, die in uns aufstieg und überfloss. Ich fühlte mich wie ein Vogel, der aus seinem Käfig freigelassen worden war, wie ein Gefangener, der seine Gefängniszelle verlassen hatte.

Fünfzehn Jahre ist dies nun her, und ich bin immer noch schmerzfrei. Nach fünfundzwanzig Jahren des Leidens wurde ich geheilt.

Fibromyalgie ist für Gott nicht zu schwer. Er tut heute immer noch Zeichen und Wunder, er heilt immer noch die Kranken. Wunder tun ist das, was niemand so gut kann wie er.

Eine entscheidende Wendung nach links

Trish Propson

»Die beste Woche meines Lebens!«, freute sich meine vierzehnjährige Tochter Alyssa auf dem Beifahrersitz.

Am Abend zuvor hatten wir den Abschlussball des Hausunterrichts veranstaltet und brachten nun Dekomaterial zurück. Alyssa war immer noch ganz erfüllt von den Erinnerungen an den tollen Abend mit ihren Freunden, und ich sonnte mich darin, dass es mir gelungen war, die größte Jugendveranstaltung meines Lebens durchzuführen.

Nach der Rückgabe der Dekoration hatten wir vor, uns eine Schule für Schönheitspflege anzusehen, in die Alyssa nach der Highschool vielleicht gehen wollte. Dann wollte sie mit ihren Freundinnen zu einer Jugendfreizeit in den nördlichen Wäldern von Wisconsin fahren. Sie war rundum glücklich, und ich freute mich gern mit ihr – zumal ich nicht ganz unbeteiligt an ihrer Hochstimmung war.

Die Krone des Ganzen war das wunderschön sonnige Wetter an diesem Tag in Wisconsin. Der Himmel war strahlend blau mit ein paar feinen Wölkchen, die Luft kühl und feucht mit dem Geruch des Frühlings, der durch die frisch gepflügten Felder um uns herum wehte. Wir bogen auf eine Landstraße in der Nähe unserer Stadt ein, um zur Autobahn zu gelangen.

»Was war deine Lieblingsstelle bei …«

Kaum hatte ich die Frage begonnen, da sah ich, wie ein schwarzer Laster die Mittellinie vor uns überfuhr. Ich schrie auf. Eine Stimme schrie zurück: »Lenk nach links!«

So fest ich konnte, drehte ich das Lenkrad, dann kam der Zusammenstoß. Wir waren mit neunzig Stundenkilometern unterwegs, und der Lastwagen hatte mindestens die gleiche Geschwindigkeit. Ich hörte seinen Motor aufheulen, dann sah ich nur noch Schwärze, als er frontal mit unserem Kleinbus zusammenstieß und über uns hinwegdonnerte.

In dem Wissen, dass mir nichts übrig blieb, als mein Leben in Gottes Hände zu legen, nahm ich meine Hände vom Lenkrad. Als der Wagen über den Mittelstreifen auf einen Parkplatz rauschte, schrie ich nach Alyssa.

Das Auto kam ruckartig zum Stehen. Mein erster Gedanke war, dass ich eigentlich nicht mehr am Leben sein dürfte. Aufgeregt fragte ich Alyssa, ob sie unverletzt sei.

»Mir geht's gut«, antwortete sie ruhig.

Jetzt, wo ich wusste, dass meine Tochter lebte und nicht schwer verletzt war, war ich im nächsten Moment traurig darüber, dass ich noch lebte. Ich hätte bei Jesus im Himmel sein können. Auf unwirkliche Weise fühlte ich mich betrogen, als mir das durch den Kopf ging.

»Steig aus dem Wagen, und ruf Papa an«, wies ich Alyssa an.

Das Fahrzeug füllte sich mit Rauch, ich befahl ihr, zu rennen. Ich drückte die Fahrertür auf und fiel auf den Boden. Der Besitzer der Tankstelle, auf deren Parkplatz wir gelandet waren, rannte zu mir.

»Alles in Ordnung bei Ihnen?« Sein aschgraues Gesicht war angespannt vor Angst.

»Stellen Sie den Motor ab. Er brennt!«, schrie ich.

Mit verwirrter Miene folgte er meiner Anweisung, schnappte meine Schlüssel und brachte sie zu mir.

»Sie dürften eigentlich gar nicht mehr am Leben sein«, sagte er völlig irritiert.

Ein weiterer Zeuge kam herüber, um den Unfall zu beschreiben.

»Ich sah vor meinem inneren Auge drei Menschen heute sterben. Wie kann es sein, dass Sie das überlebt haben?!« Er zitterte.

Ich setzte mich auf den Asphalt und legte den Kopf in meine Hände. Dann sah ich zu dem reglosen Fahrer in dem zerstörten Laster hinüber. Er hing über dem Lenkrad, Blut strömte aus seinem Kopf. Bestimmt war er tot, aber für alle Fälle schickte ich ein Gebet für ihn zum Himmel.

Mein Sohn und mein Mann kamen nach kurzer Zeit, da unser Haus nur fünf Kilometer von der Unfallstelle entfernt war. Als er sah, dass wir lebten, hörte sich mein Mann die Einzelheiten von den Zeugen an und sprach mit der Notfallhilfe. Alyssa fragte leise, ob sie trotzdem zu dem Camping gehen könne. Ich war ganz benommen und musste mir erst einmal klar darüber werden, was passiert war.

Von meinem Mann erfuhr ich, dass der Motor nicht brannte, so musste also der Rauch, den ich gesehen hatte, von den Airbags gekommen sein. Um mich selbst zu überzeugen, ging ich zur Vorderseite des Wagens. Dort blieb ich stehen und fing an, zu weinen.

Es gab keinen Motor mehr. Der Fußraum, wo bis vor wenigen Minuten unsere Beine gewesen waren, war nun an der Stelle, wo sich vorher der Motor befunden hatte. Dieser war komplett weggerissen worden, und die Metallverstrebungen, die den Motor vom Innenraum getrennt hatten, hingen unberührt in der Luft. Was einmal unser Motor gewesen war, lag nun als Ansammlung von verbeultem Metall und Trümmerteilen auf der Straße.

Ich fing an, zu zittern. Langsam sickerte es in mein Bewusstsein, dass Gott unser Leben bewahrt hatte.

Die Notfallhelfer kümmerten sich um Alyssa. Sie ging umher und redete. Blaue Flecken vom Sicherheitsgurt tauchten an ihrem Hals und an der Brust auf.

»Ich kann es nicht glauben, dass sie das überlebt hat«, rief ein junger Feuerwehrmann. Meine Beine waren stark angeschwollen. Auch bei mir zeigten sich allmählich Prellungen an den Armen, am Hals und am Körper. Ich konnte nicht stehen und war mir ziemlich sicher, dass ich den Arm gebrochen hatte.

Die einzigen Verletzungen, die wir hatten, stammten von den Sicherheitsgurten und den Airbags. Da nur ein Krankenwagen zur Verfügung stand, schickte ich die Notfallhelfer schnell zu dem anderen Fahrer, der doch am Leben, aber bewusstlos war.

»Sie hätten das eigentlich nicht überleben können«, sagte der Polizeibeamte, als er meinen Bericht aufnahm.

»Das habe ich in den letzten Minuten oft gehört«, erwiderte ich mit einem schwachen Lächeln.

»Sie wissen, dass beide Fahrzeuge mit über neunzig Stundenkilometern unterwegs waren. Es ist absolut nicht normal, dass Sie jetzt hier sind«, sagte er sachlich. »Wenn Sie nicht frontal mit ihm zusammengestoßen wären, würden wir uns jetzt nicht unterhalten.«

»Warten Sie. Wie bitte?«, fragte ich.

»Ich weiß nicht, wie Sie darauf kamen, dass Sie in den Aufprall hincinlenken mussten. Aber wenn Sie nicht genau in dem Augenblick nach links gelenkt hätten, wäre der Lastwagen auf Ihre Fahrertür geknallt. Sie wären sofort tot gewesen, und Ihre Tochter könnte jetzt nicht mehr gehen.«

Er beendete seinen Bericht. Langsam drangen seine Worte zu mir durch. Sein Kollege erzählte mir anschließend, dass der Chrysler-Kleinbus, den wir fuhren, speziell dafür konstruiert war, einen frontalen Aufprall bei hoher Geschwindigkeit auszuhalten. Wenn wir in einem anderen Wagen gesessen hätten oder irgendwie anders getroffen worden wären, hätten wir den Zusammenprall wahrscheinlich nicht überlebt.

Wie wusste ich, dass ich nach links lenken musste? Es ging so schnell. Ich hatte keine Zeit, irgendetwas zu tun. Wessen Stimme sagte mir, ich solle nach links lenken?

Die Ärzte von der Notaufnahme wiederholten den Satz, den wir an diesem Tag schon viele Male gehört hatten: »Sie hätten das eigentlich nicht überleben können.«

Meine Tochter und ich verbrachten die nächsten Monate damit, uns von dem Unfall zu erholen – ich mit einem verrenkten Hals, einer verletzten Schulter und einem gebrochenen Arm, sie mit einer Halsverletzung und einem gebrochenen Wirbel.

Die Worte, die ich in jenem Moment direkt vor dem Zusammenstoß gehört hatte, gingen mir oft durch den Kopf.

Lenk nach links.

Ich habe Frieden gefunden in dem Wissen, dass es Gottes Stimme war, die mich lenkte und mir dadurch eine zweite Chance gab, die

Pläne Gottes in meinem Leben zu verwirklichen. Meine Tochter lebt und ist gesund, und auch sie möchte nach Gottes Plan leben.

Ich vertraue darauf, dass meine Eingebung, nach links zu lenken, eine hörbare Anweisung von Gott war, mit der er mir die Möglichkeit geben wollte, sein Ziel zu verfolgen und die Arbeit zu tun, die er jetzt für mich hat. Und wenn es dann an der Zeit ist, meinem Heiland zu begegnen, hoffe ich, dass er mir genau im richtigen Moment wieder die Anweisung geben wird, nach links zu lenken. Dann kann ich mit voller Geschwindigkeit durch die Tore des Himmels rasen, langsam zum Stehen kommen und ihn sagen hören: »Willkommen daheim.«

Eine neue Schöpfung

Kelly J. Stigliano

Man hätte mich als warnendes Beispiel für schlechte Entscheidungen herumzeigen können. Ich hatte mein ganzes junges Leben falsch angepackt. Die Folgen waren Magengeschwüre, eine Dickdarmentzündung und extreme Säuren in der Gallenblase – alles im Alter von achtzehn Jahren. Damals trieben mich die Schmerzen mitten in der Nacht in die Notaufnahme.

Nachdem alle Tests abgeschlossen waren und ich erfahren hatte, was mit mir nicht stimmte, kam ein zusätzlicher Schock auf mich zu. Der Arzt zögerte an der Tür, sah über seine Schulter und sagte:»Ach, und Sie wissen doch, dass Sie schwanger sind, oder?«

Nein, ich hatte keine Ahnung, dass ich schwanger war. Aber mein ausschweifender Lebensstil hatte mich eingeholt.

Mein Leben raste in halsbrecherischer Geschwindigkeit weiter. Einer überstürzten Hochzeit folgte die Ehe mit einem gewalttätigen Mann, und bald darauf kam ein zweites Baby. Langsam nahm ich all meinen Mut zusammen, um aus meiner von Gewalt geprägten Ehe zu fliehen.

Und dann stand ich plötzlich als dreiundzwanzigjährige alleinerziehende Mutter zweier Kinder da.

Kinder zu haben, bedeutet nicht automatisch, Reife zu besitzen. Zwei Jobs und viele Partys ließen mir wenig Raum, in der Mutterrolle aufzugehen. Mein übermäßiges Trinken verschlimmerte die Probleme mit den inneren Organen.

Der Arzt weigerte sich, mir weiterhin einen Magensäureblocker zu verschreiben, und empfahl mir dringend, meinen Lebensstil zu ändern.

Dies hätte mir eine Warnung sein sollen, aber ich hörte nicht auf ihn. Stattdessen wurde ein Salz gegen Sodbrennen mein bester Freund. Eine große Flasche davon hatte ich in meinem Schreibtisch an meiner Arbeitsstelle und eine zu Hause. Ich trank das säureneutralisierende Mittel wie Wasser.

Dann griff Gott in mein Leben ein, um mich von meinem selbstzerstörerischen Verhalten zu befreien.

Bei einer Live-Rock-and-Roll-Nacht im *Cosmopolitan,* einem Klub, in dem ich mich oft aufhielt, lernte ich Mark kennen. Am liebsten ging ich donnerstagabends zum Klub, weil sie da Rockmusik spielten – eine erfrischende Abwechslung zu dem Discosound, auf den jeder stand. Ich hasste Disco und lebte immer auf die Donnerstage hin, an denen ich mit meiner Freundin Sue unterwegs war.

Obwohl sein Leben nicht im Einklang mit seiner christlichen Herkunft stand, hatte Mark den Weg zu Gott noch irgendwie in seinem Blickfeld. Wir gingen manchmal zusammen weg, und er lud mich ein, mit ihm zur Kirche zu kommen. Durch seine Familie und ihre Unterstützung wurden meine zwei Kleinkinder und ich zu treuen Gottesdienstbesuchern.

Aber je mehr ich im Glauben wuchs, desto mehr blieb die Beziehung zu Mark auf der Strecke.

Auch ohne Mark gingen meine Kinder und ich weiterhin zur Kirche und zur Sonntagsschule. Wir lasen in der Bibel und beteten zusammen. Es begeisterte mich, dass meine Kinder die Liebe von Jesus und die biblischen Geschichten wie kleine Schwämme in sich aufsaugten. Ich selbst lernte Geduld, Respekt und Freundlichkeit und wurde eine aufmerksame, liebevolle Mutter für meine Kinder.

Ich wuchs in meinem Leben als Christ und hatte den sehnlichen Wunsch, meine Tochter im Vorschulalter in einer christlichen Einrichtung unterzubringen. Obwohl ich arm war, meldete ich sie im Vertrauen auf Gott in einer kleinen christlichen Schule auf dem Land an. Ihr Rektor war der unverheiratete Jerry Stigliano.

Manchmal sind Geheimnisse zwischen Freundinnen nicht dazu gedacht, geheim zu bleiben. Als ich einer Freundin sagte, ich hätte ein Auge auf Mr Stigliano geworfen, kam ihr das gelegen, denn sie hatte sowieso schon versucht, einen guten Mann für mich und einen liebevollen Vater für meine Kinder zu finden. Da sie viele Kontakte hatte und gern Telefongespräche führte, erfuhr Rektor Stigliano bald von meinem Interesse an ihm.

Er fand mich wohl auch nicht ganz unsympathisch, denn er verabredete sich mit mir, und schon bald wurden wir ein Paar. Meine Kinder liebten ihn; er ging so fürsorglich und geduldig mit ihnen um. Seine Zuneigung zu mir und seine Anteilnahme an unserem Wohlergehen taten meiner Seele unendlich wohl.

Als wir ein paar Monate befreundet waren, lud Jerry uns an einem Abend zu sich zum Essen ein. Er hatte sein Lieblingsessen gekocht – Spaghetti. Sie waren köstlich, und wir aßen alle reichlich davon.

Aber ich litt immer noch an der Dickdarmentzündung Kolitis, und nicht lang nach dem Essen merkte ich, dass ich schnellstens nach Hause musste.

Ich trug meine schlafenden Kinder gerade eilig zum Auto, als Jerry fragte: »Hast du Gott je darum gebeten, deine Kolitis zu heilen?«

»Nein, das ist mir noch nie in den Sinn gekommen.«

»Das solltest du aber tun«, sagte er. »Es ist eine Erkrankung aus deinem alten Leben. Du bist jetzt in Christus eine neue Schöpfung. Du solltest Jesus bitten, diese Erinnerung an das Vergangene wegzunehmen.«

Ich zuckte die Achseln.

»Bete einfach darum«, drängte er mich. Ich sah ihn an, wiegte unsicher meinen Kopf hin und her und dachte darüber nach. »Hm. Na gut.« Ich nickte. »Dann bete ich. Aber jetzt muss ich gehen. Ich ruf dich später an.«

Als ich nach Hause fuhr, schliefen die Kinder auf dem Rücksitz. »Er hat recht«, betete ich laut. »Meine Kolitis ist wirklich aus meinem alten Leben. Ich bin jetzt eine neue Schöpfung. Gott, würdest du mir bitte die Kolitis wegnehmen?«

Ein einfaches Gebet von einem Kleinkind im Glauben.

Beinahe im selben Moment spürte ich eine tiefe Wärme im unteren Bereich meiner Hüften, und als ich zu Hause ankam, waren die Beschwerden weg. Ich war geheilt und bin es bis heute. Das Einzige, was ich hatte tun müssen, war: darum bitten!

Vor Kurzem bin ich fünfzig geworden. Mit fünfzig hatte ich meine erste Darmspiegelung, seit ich achtzehn war. Wegen einer ungeklärten Anämie wurde gleichzeitig eine Magenspiegelung durchgeführt. Die Untersuchungen zeigten, dass alles gesund und unvernarbt aussah.

Als ich mit dem Arzt sprach und den Bericht las, musste ich lächeln. Ich wusste, dass ich Jahre vorher geheilt worden war, aber es war so schön, nun auch die Bestätigung eines Arztes schriftlich vor mir zu haben!

Mittellos in Bangkok

Scoti Springfield Domeij

Der Bettler umklammerte einen dreckigen Blechbecher auf der zerkratzten Armlehne seines Rollstuhls. Er glich einem steinernen Buddha, wie er da so stoisch auf seinem fahrbaren Thron saß. Anstelle von Knien ragten zwei Stümpfe ein paar Zentimeter über die stark abgenutzte Sitzfläche hinaus. Die Haut an den Stümpfen war verheilt.

Fünf Tage lang kam ich jeden Tag an diesem Bettler vorbei, der von Chaos umgeben war. Seine Hinterräder waren zu nah an der Bordsteinkante geparkt; um Haaresbreite hätten rasante Autos den Rücken seines heruntergekommenen Rollstuhls abrasiert.

Die Hochbahn durchschnitt die schwüle Hitze. Abgehetzte Fußgänger wichen nicht nur der Menge aus, die den Bürgersteig bevölkerte, sondern auch dürren, herrenlosen Hunden und Motorrädern, die in voller Fahrt auf den Gehweg schanzten, um aus dem Stau zu kommen.

Eine Geruchsmischung aus Knoblauch, Ingwer und Öl wurde von den Essenswagen herübergeweht. Straßenhändler, die wertlose Schmuckstücke anboten, schrien nach den Touristen.

Lose Platten, Risse im Teer und Drecklöcher drohten, meine Knöchel zu verdrehen. Wie dieser behinderte Mann seinen Rollstuhl durch den motorisierten und menschlichen Stau über Risse und klaffende Löcher lenkte, war mir ein Rätsel. Ich lächelte und versuchte, ihm in die Augen zu sehen. Er starrte kalt und ausdruckslos nach vorn.

Ich musste sparsam mit meinem Geld umgehen, aber ich war entschlossen, alle losen Münzen zu sammeln und in seinen Becher zu werfen, bevor ich Thailand verließ. Jedes Mal, wenn ich mir etwas zu essen besorgte oder sonst etwas kaufte, bezahlte ich nur mit Scheinen der thailändischen Währung Baht. Ich war voller Freude und Erwartung, als das ganze Wechselgeld, das für den beinlosen Mann bestimmt war, meinen Geldbeutel immer schwerer machte.

Am Vormittag des 22. Dezember – es war mein letzter Tag in Bangkok – legte ich meinen Terminplan in Fünfzehn-Minuten-Abschnitten fest, um nicht in Stress zu geraten oder mein Flugzeug zu verpassen. Ganz oben auf meiner Liste stand der Bettler.

Ich nahm die Hochbahn zu der Stelle, an der er saß. Mein Wechselgeld fiel klappernd in seinen Metallbecher.

Das ist vermutlich mehr Geld, als er sonst im ganzen Monat bekommt.

Sein starrer Blick zeigte keinerlei Reaktion. Kein einziger Gesichtsmuskel drückte so etwas wie ein Dankeschön aus.

Wie oft habe ich es als selbstverständlich betrachtet, wenn Gott oder Menschen kleine Wunder gewirkt haben?

Ich tätigte noch ein paar letzte Einkäufe und erhielt weiteres Wechselgeld. Der Querschnittsgelähmte am schmutzigen Straßenrand zwischen der belebten Straße und dem überfüllten Gehweg schwankte. Er schien nur von der Taille aufwärts lebendig zu sein; seine zusammengeschrumpften Beine wirkten so leblos wie seine uralten, schmutzigen Holzkrücken. Ich ließ alle meine Münzen in seinen Becher fallen, dann fiel mir ein: *Ich habe doch noch mehr.*

Ganz unten in meinem Geldbeutel kratzte ich mit den Fingern weitere Münzen zusammen. Als sie klappernd in seinen Becher fielen, trafen sich unsere Blicke – zwei Menschen aus verschiedenen Welten. Sein zahnloses Lächeln und seine fröhlichen Augen strahlten vor Dankbarkeit.

Auf meinem Weg zurück zum Hotel war mein Herz schwer.

Ich wünschte, ich hätte gebetet: »Im Namen Jesu, steh auf und geh umher!«

Aber in Wirklichkeit fehlte mir der Glaube oder der Mut dazu.

Nachdem ich zum Hotel zurückgekehrt war, verhandelte ich heftig mit dem Taxifahrer, damit er mir für die Fahrt zum internationalen Flughafen in Bangkok keinen völlig überzogenen Preis berechnete. Als wir auf der Schnellstraße dahinsausten, sagte er: »Ich vermissen meine Tochter. Sie leben fünf Stunden entfernt. Um Geld zu verdienen, ich kaufen Taxi und arbeiten in Bangkok. Preis von Benzin schädlich für Geschäft.«

Aus den Abfällen, die auf seinem Vordersitz verstreut lagen, schloss ich, dass er in seinem Taxi aß und schlief. Als alleinerziehende Mutter hatte ich mir in der Vergangenheit nur allzu oft Sorgen darüber gemacht, ob ich genug Geld hätte, um meinen Tank mit Benzin zu füllen und zur Arbeit fahren zu können.

Bis wir am Flughafen ankamen, hatte ich fast mein ganzes Thai-Vokabular verwendet.

»Sie sprechen Thai gut. Wie viel zahlen Sie?«

»Genauso viel wie vereinbart. Dreihundert Baht.«

Er blinzelte enttäuscht. »Sie alleinstehende Frau. Ich haben gesorgt gut für Sie.«

Am internationalen Flughafen von Bangkok entlud der Fahrer das Taxi und stapelte meine Gepäckstücke auf einen Gepäckwagen. Ich drückte ihm mein gesamtes Geld – fünfhundert Baht (ungefähr vierzehn Euro) und acht amerikanische Dollar – in die Hand. Jetzt war ich vollkommen pleite, aber ich brauchte kein Geld mehr, bis ich zu Hause ankam. Das strahlende Lächeln des Taxifahrers ließ mein Herz tanzen.

Wir umarmten uns. Seine sanfte Wange rieb an meiner. Ich würde das »Land des Lächelns« vermissen. Die Menschen in Thailand besaßen ein sanftes, gastfreundliches Wesen, und ich konnte mich des Gedankens nicht erwehren, ob sie nicht vielleicht Gottes Engel auf Erden sein könnten.

Ich zog den sperrigen Gepäckwagen durch die Türen des internationalen Abfluggebäudes zu meiner ersten Kontrollstelle, dem Schalter für die Mehrwertsteuer (VAT).

Der Finanzbeamte stempelte meinen Antrag auf Mehrwertsteuererstattung. Mein Chef hatte mich vorgewarnt, dass ich eine Ausreisegebühr zahlen müsste, bevor ich Thailand verließ, und ich rechnete mit den 1 400 Baht (etwa achtunddreißig Euro) Mehrwertsteuererstattung, um diese Gebühr zu bezahlen.

137

Ich wartete darauf, das Geld ausgehändigt zu bekommen, doch ich erhielt nur die Information: »Dies ist nicht der Schalter für die Rückerstattung.« Ein kleiner Stachel der Angst traf mich und wanderte von meiner Brust zur Kehle.

Nachdem ich die Sicherheitskontrolle passiert hatte, checkte ich bei *China Airlines* ein und erhielt meine Bordkarte. Die hübsche Angestellte schickte mich zum Schalter für die Ausreisegebühr.

»Ich brauche meine 1 400 Baht Mehrwertsteuererstattung, um die 500 Baht Ausreisegebühr bezahlen zu können«, erklärte ich.

»Das Büro für die Mehrwertsteuererstattung befindet sich in der Abflughalle«, sagte die Frau. »Sie kommen aber nicht am Ausreiseschalter vorbei, ohne vorher bezahlt zu haben.«

Trotz meiner Proteste schüttelte sie den Kopf, winkte mich weiter und wandte sich der nächsten Person in der Schlange zu.

Die Panik schoss mir wie ein Stromschlag in den Kopf. Ich saß in Bangkok fest, achttausend Kilometer von zu Hause entfernt, weil ich nicht in die Abflughalle kam. Ich hatte kein Geld.

Nicht einen Cent.

Gott, bitte lass mich nicht mein Flugzeug verpassen. Es ist Weihnachten. Ich möchte nach Hause zu meiner Familie. Bitte, bitte, Herr, zeig mir, was ich tun soll.

Die Muskeln an meinem Hals, meinen Schultern und im Rücken verspannten sich zu harten Knoten. Benommen und mit schwankenden Knien taumelte ich zu einer Wechselstelle.

»Können Sie meine Kreditkarte mit 500 Baht belasten und mir das Geld bar auszahlen?«

»Wir tauschen nur Währungen. Versuchen Sie es doch dort drüben am Geldautomaten.«

Panikschweiß rann über mein Gesicht. Ich schob meine Kreditkarte in den Automaten, aber ich konnte nicht herausfinden, wie diese Maschine funktionierte, und wusste nicht einmal, wie ich meine Visakarte zurückbekommen sollte. Mit verschwommenem Blick nahm ich die eckigen thailändischen Buchstaben wahr.

Anweisungen, nehme ich an. Toll. Ich kann doch kein Thailändisch lesen. Ich brauche Hilfe und kenne keine einzige Person in Bangkok, die mir Rat geben könnte. Und nun steckt auch noch meine Visakarte in dieser verrückten Maschine fest!

»Wie bekomme ich meine Karte aus dem Automaten?«, heulte ich. Meine verzweifelten Worte, meine Tränen und mein »Gesichtsverlust« zogen die Blicke auf sich. Fünf pakistanische Zuschauer, bekleidet mit ihrem traditionellen *Shalwar Kameez* – lange, flatternde Baumwollhemden und weite Hosen –, standen um mich herum. Einer von ihnen rettete meine Karte aus der Maschine.

Ich dankte ihm und ging zum Schalter der Touristeninformation. Natürlich hatte ich keine Ahnung davon, dass ein berüchtigter ausländischer Bettler, ein westlicher Hellhäutiger, Meister darin war, die Leute zu täuschen durch ein Schild mit der Aufschrift: »Mir fehlen viertausend Baht, um nach Hause zu kommen. Können Sie mir helfen?«

Aber meine Situation war kein Trick.

Ich schüttete mein ganzes Herz aus. »Ich brauche 500 Baht für die Ausreisegebühr und erwarte eine Mehrwertsteuer-Rückerstattung von 1400 Baht, wenn ich am Ausreiseschalter vorbeikomme. Können Sie mir bitte helfen?«

Die Angestellten lächelten, zuckten die Achseln und schickten mich zurück zu *China Airlines.*

Der Elefant, der mir Brust und Seele zerdrückte, fühlte sich so schwer an wie die überfüllten Handgepäckstücke, die von meinen schmerzenden Armen herunterhingen.

Wie soll ich jetzt nach Hause kommen? Wenn mein Chef mir bloß im Voraus gesagt hätte, dass das Büro für die Mehrwertsteuererstattung hinter dem Ausreiseschalter liegt.

Tränen strömten über mein Gesicht. Ich ging zu *China Airlines* zurück und bat um Hilfe. Die Angestellte der Fluglinie, die mein Ticket nahm, machte gerade das Check-in für eine andere Passagierin mit ausgeprägten thailändischen Gesichtszügen – große runde Augen, rundliche Nase, volle Lippen und schön geformte Wangenknochen.

Sie kam mir allerdings ungewöhnlich groß vor für eine Thailänderin – mindestens einen Meter achtzig, wenn nicht noch größer. Die
meisten Thailänderinnen waren ungefähr einen Meter sechzig groß.
Verzweifelt erklärte ich der Angestellten die Notlage, in der ich
war.»Wenn Sie mich nur zur Abflughalle durchlassen können, dann
hole ich das Geld und ...«

»Reisen ist nervenaufreibend«, sagte die große Thailänderin mit
perfektem amerikanischem Akzent.»Hier, nehmen Sie das.«

Ich starrte auf das Geld, das sie mir in die Hand gedrückt hatte. Es
waren tausend Baht, mehr als genug!

»Vielen Dank. Ich gebe es Ihnen auf der anderen Seite des Aus-
reiseschalters zurück.«

»Zerbrechen Sie sich nicht den Kopf darüber.«

»Wie heißen Sie?«

»Angela.«

Ich eilte zum Ausreiseschalter und schob fünfhundert Baht unter
dem Fenster durch. Nun war ich endlich befugt, mich beim Abflug
anzustellen. Wellen der Erleichterung und Freude rauschten über
mich hinweg und erfrischten mich, während ich betete.

Endlich bin ich auf dem Weg nach Hause. Juhu! Danke, Gott, dass
du mein Gebet gehört hast und dass du dich um mich gekümmert
hast. Jetzt kann ich heimreisen und den Geburtstag deines Sohnes
mit meinen beiden Söhnen zusammen feiern.

An der nächsten Personenschleuse inspizierte die Ausreisebeam-
tin meinen Pass.»Sie haben Ihr Visum überschritten. Das kostet zusätzlich 200 Baht (fünf Euro) pro Tag.«

Sie erlaubte mir, meine Erstattung vom Mehrwertsteuerbüro abzuholen, um damit die zusätzlichen Gebühren begleichen zu können.

Ich kam in die Abflughalle und hielt Ausschau nach Angela.

Wie ist sie am Abreiseschalter vorbeigekommen, ohne dass ich sie
gesehen habe?

Die Aufregung ließ nach, stattdessen verspürte ich nun großen
Hunger. Es konnte lang dauern, bis im Flugzeug eine Mahlzeit ser-
viert wurde. Nachdem ich alle Gebühren bezahlt hatte, hatte ich

noch 250 Baht übrig (6,70 Euro) – das reichte aus, um einen Sandwich, Pommes und mein thailändisches Lieblingsgetränk, eiskalten Wassermelonensaft, zu kaufen. Beim Essen sah ich mich nach Angela um. Ich wollte mir ihre Adresse geben lassen, damit ich ihr das Geld schicken konnte.

Als ich alles verzehrt hatte, hatte ich sie immer noch nicht entdeckt. Ich suchte in allen Warteräumen von *China Airlines* – Angela war nirgendwo. Ich schaute überall. Zwei Mal. Ich überprüfte sogar die Toiletten.

Weil ich vermutete, sie wäre vielleicht schon im Flugzeug, stieg ich auch ein. Nach dem Start ging ich beide Gänge von oben bis unten entlang und sah in jedes Gesicht.

Angela war nicht dabei.

So setzte ich mich und dachte über alles nach, was an diesem Tag passiert war. Ich hatte Menschen, die keine Möglichkeit hatten, es mir zu vergelten, großzügig Geld geschenkt – so, wie Jesus mich gelehrt hatte, meinen Nächsten zu lieben. Die große Thailänderin hatte mir genauso uneigennützig Geld gegeben, und ich konnte die Fremde nicht finden, um es ihr zurückzugeben.

Könnte Angela ein Engel sein? Nein. Unmöglich. Aber wie sonst lässt sich erklären, dass ...?

Ein kalter Schauder überfiel mich – und das lag nicht an der Klimaanlage des Flugzeugs.

Tränen der Dankbarkeit rollten mir über die Wangen. Im Gegensatz zu den Bettlern auf Bangkoks Straßen, die auf die Großzügigkeit der Vorübergehenden angewiesen sind, oder zu dem ausländischen Bettler, der mitfühlende Spender hereinlegt, habe ich einen freigiebigen Gott, dem es nicht entgeht, wenn ich Mangel leide. *Jahwe Jireh*, der Gott, der für unsere Rettung sorgt, schenkte uns an Weihnachten seinen Sohn als kleines Kind, und er beschenkt und versorgt uns noch immer.

Das Eins-zu-drei-Millionen-Wunder

James Stuart Bell

Wenn man jemanden kennenlernt, der von weither kommt, versucht man im Gespräch, Gemeinsamkeiten zu finden, erzählt vielleicht, dass man schon in dem Ort war oder dass man eine Person aus dieser Gegend kennt. Manchmal kommt man sogar auf gemeinsame Bekannte, und so entsteht ein Band zu dem Menschen, den man gerade erst kennengelernt hat.

Die Person, die ich im Winter 1976 an einem kalten Sonntag während einer christlichen Freizeit in Convent Station in New Jersey kennenlernte, sollte eines Tages der wichtigste und wertvollste Mensch in meinem Leben werden – meine Frau. Aber im Hintergrund spielte eine andere Person in ihrem und in meinem Leben eine wichtige Rolle.

Geht es um Frauen, so lassen sich Männer oft anstatt vom Kopf oder Herz von ihrem Sexualtrieb leiten. Aber wir Männer haben auch das emotionale Bedürfnis, uns zu binden, einen anderen Menschen zu lieben, zu schützen und zu umsorgen.

Ich weiß noch, wie ich als Halbwüchsiger nachts mein Kissen umklammerte und mir vorstellte, ich läge in den Armen meiner zukünftigen Frau.

Allerdings hatte ich keine Ahnung, wer sie sein würde, und ich wollte mich nicht von verrückt spielenden Hormonen zu voreiligen Entscheidungen verleiten lassen. Da hatte ich Besseres zu tun. Wenn ich es nicht auf die Bestenliste schaffte, würde ich nicht zu den gesellschaftlichen Anlässen der Schule zugelassen werden, somit musste ich mich auf meinen Lernstoff konzentrieren.

Als ich ins College kam, war ich damit beschäftigt, mich als Rugbyspieler zu versuchen und heruntergekommene Oldtimer zu kaufen. Ich stellte die großen Fragen nach dem Sinn und Zweck unseres

Lebens auf diesem Planeten und hatte mehrere Beziehungen. Nachdem ich mit verschiedenen östlichen Philosophien und bewusstseinserweiternden Drogen Bekanntschaft gemacht hatte, wurde ich zum Gott meiner Jugend zurückgeführt und hatte eine lebensverändernde Begegnung mit Jesus Christus. Trotzdem hatte ich als zweiundzwanzigjähriger Student immer noch keine Ahnung, was Gott mit meinem Leben vorhatte.

Während eines Auslandsjahrs in Dublin lebte ich in einer Gemeinschaft von jungen Männern. Mein Freund Paddy war ein begeisterter Christ und führte Bibelgespräche und Gebetszeiten in unserer Wohnung ein. An einem Abend brachte er ein Mädchen mit Namen Fionnuala mit. Wir unterhielten uns darüber, dass ich Gälisch studierte und eine Arbeit über irische Erzähler verfasste, die ihre Werke auf Gälisch geschrieben hatten. Deshalb lud sie mich ein, mit ihr zusammen in die Gälisch sprechende Region an der Westküste der Grafschaft Donegal zu reisen. Dort wohnten wir in einem weiß getünchten, strohgedeckten Landhaus eines echten irischen Dichters, Neddy Frank a'Grianna, der in den frühen Siebzigerjahren ein anerkannter Erzähler war. Er lebte im Dorf neben den windumtosten Felsen, wo im Hintergrund die Brandung dröhnte.

Fionnuala erzählte mir, dass sie als Kind zusammen mit einer engen Freundin jeden Sommer von dem kleinen Ort Roundwood aus in dieses abgelegene Dorf gekommen war. Die Mutter ihrer Freundin war eine Anhängerin der alten irischen Kultur – Musik, Tanz, Sprache und mündliche Erzähltradition – und hatte die Mädchen dorthin geschickt, damit ihre irischen Wurzeln genährt würden und sich vertieften.

An einem Wochenende wünschte Fionnuala, dass wir uns im Wohnzimmer versammelten und beteten. Sie hatte von einer Gebetserweckung in Dublin gehört und hatte den Eindruck, dass Gott uns in diesen Zeiten der Erweckung unsere Herzenswünsche gewähren würde.

Als ich an der Reihe war, sah sie mich durchdringend an und fragte mich nach meinem Herzenswunsch. Nach kurzem Nachdenken sagte ich, ich hätte keinen, doch dann wurde mir bewusst, dass dies vielleicht meine große Chance war. Ich kniff die Augen zu, und plötzlich, zu meinem eigenen Erschrecken, platzte es aus mir heraus: »Ich möchte eine Ehefrau.« Weil ich ein mittelloser Student war, fügte ich schnell hinzu: »Aber nicht sofort.«

Fionnuala betete eine Weile, dann sagte sie zuversichtlich, dass Gott das Gebet zu seiner Zeit erhören würde.

Als ich an diesem Abend an meinem Bett kniete und betete, schränkte ich Gott nachträglich ein wenig ein und bat ihn, mir eine irische Frau zu schenken. Ich liebte die Unschuld der Alten Welt, die weiche, melodische Stimme und die auffallende Schönheit vieler irischer Frauen. Am nächsten Morgen nahm ich jedoch meine Bitte zurück und sagte zu Gott, da er am besten Bescheid wisse, würde ich die Frau nehmen, die seinen und nicht meinen Vorstellungen entspräche.

Spulen wir ein paar Jahre vor. Ich war wieder in den USA, machte meinen Studienabschluss und war im Begriff, nach einer Stelle zu suchen. Meine Schwester war bei einem Einkehrwochenende. Zusammen mit meinen Eltern fuhr ich kurz vor Ende der Freizeit auch dorthin. Es war eine Veranstaltung zur Heilung von Beziehungen. Beim Frühstück am Sonntagmorgen sollten die Teilnehmer erzählen, wie Gott in ihrem Leben gewirkt hatte. Während ich noch an meinen Würstchen und Eiern kaute, hörte ich vom Tisch hinter mir den vertrauten irischen Tonfall, als eine junge Frau sagte: »Ich möchte kämpfen und strahlen und für Christus eintreten.«

Mir war klar, dass ich diese junge Frau kennenlernen musste.

Als wir zusammen im Saal standen, erzählte sie mir, dass sie am Abend vorher zu einer persönlichen Beziehung mit Jesus Christus gefunden hatte. Aber sie hatte kein Geld mehr und würde bald nach Irland zurückkehren, weil es in den USA nichts gab, was sie hielt. Ich fragte sie, ob sie eine Bibel habe und ob sie wisse, worum es bei der Gemeinschaft mit anderen Christen gehe. In den nächsten Tagen kaufte ich ihr eine Bibel. Als wir unterwegs zu unserem ersten christlichen Treffen waren, nahm ich mir fest vor, mich vor Gott ehrenhaft zu verhalten und es nicht auszunutzen, dass eine schöne, aber auch verletzliche junge Frau Orientierungshilfe suchte.

Bei einem unserer nächsten Treffen in der Kirche erzählte sie mir, warum sie überhaupt bei dem Einkehrwochenende gewesen war. Sie hatte in Dublin einen jungen Amerikaner kennengelernt und war in die USA gekommen, um ihn zu heiraten, hatte aber Gott um ein Zeichen gebeten. Direkt danach hatte sie den jungen Mann bei einem Fehltritt erwischt und daraufhin die Beziehung sofort abgebrochen.

Als sie von der Veranstaltung gehört hatte, hatte sie gedacht, ein geistliches Wochenende könnte den Schaden vielleicht heilen; sie und ihr früherer Freund könnten gemeinsam zu Gott finden. Er war auch bereit gewesen, teilzunehmen, und am ersten Abend hatten sie sich den Vortrag des Leiters gemeinsam angehört. Es war um Götzendienst gegangen – nicht um Bilder, die angebetet werden, sondern um Besitz, um Karriere und um Beziehungen. Dabei war ihr klar geworden, dass sie nichts über Gott stellen dürfe.

Ihr Exfreund hingegen hatte gleich wieder gehen wollen, mit der Begründung, die Religion sei nur eine Krücke für Menschen, die so etwas brauchten, und sie gehörten nicht dazu.

Nach einem kurzen Augenblick hatte sie, noch im Licht des Vortrags über Götzendienst, unverblümt gefragt: »Verlangst du gerade, dass ich mich zwischen dir und Christus entscheiden soll?«

Er hatte ehrlich geantwortet: »Ja, und du hast kein Geld und kein Auto, um zurückzukommen.«

Beherzt hatte sie verkündet: »Ich wähle Christus. Auf Wiedersehen.«

Später an diesem Abend hatten einige Frauen mit ihr gebetet, und sie hatte Christus angenommen. Sie hatten sie ermutigt, dass Gott ihre Gebetsanliegen erhören würde. Da sie eine Frau war, die wusste, was sie wollte, hatte sie gebetet: »Herr, ich brauche einen Ehemann, und ich brauche ihn jetzt.«

In den folgenden Monaten besuchten wir gemeinsam christliche Veranstaltungen und saßen danach zusammen in meinem Auto und beteten. Sie wusste, dass wir füreinander geschaffen waren, und auch ich wünschte mir von Herzen, sie zu heiraten, aber ich wollte erst noch ein eindeutiges Zeichen von Gott.

Bald nannte sie mich eine lahme Ente, weil ich die Sache mit der Heirat immer noch hinauszögerte. Als Gott mir schließlich klarmachte, dass die Entscheidung allein bei mir lag, hielt ich ganz schnell neben dem *Cloisters*-Kunstmuseum am Hudson River um ihre Hand an.

Ich heiratete Margaret Curley drei Monate später; mein Herzenswunsch war erfüllt, wie Fionnuala es zwei Jahre zuvor erbeten hatte. Gott schenkte mir sogar eine irische Frau, vielleicht, weil ich es letzten Endes ihm überlassen hatte, was für eine Frau er mir geben wollte.

Aber noch mal zurück: Kurz nach dem Einkehrwochenende, wo wir uns kennengelernt hatten, fuhren wir in einer frostigen Januarnacht zu einer christlichen Veranstaltung. Damals stellte ich Margaret eine Frage, die zu einer sensationellen Entdeckung führte. In der Hoffnung, etwas Gemeinsames zu finden, fragte ich sie neugierig, aus welcher Gegend in Irland sie stamme. Schließlich hatte ich in ihrem Heimatland studiert, und so war es nicht ganz unwahrscheinlich, dass es Bekannte von Bekannten von Bekannten geben könnte. Vielleicht auch nicht – Irland zählte zu dieser Zeit über drei Millionen Einwohner, das verringerte die Wahrscheinlichkeit.

Sie nannte mir ihren Heimatort, ein kleines Dorf mit Namen Roundwood in der Grafschaft Wicklow, was aber keinem Amerikaner, den sie kannte, je ein Begriff gewesen sei.

»Ach, ich habe von Roundwood gehört. Ich kenne jemanden, der dort gewohnt hat.«

Als ich Fionnualas Namen sagte, verschlug es Margaret die Sprache. Fionnuala Allen war ihre Freundin! Als wir uns bald darauf ineinander verliebten, erkannten wir Gottes allumfassenden Plan mit all den ausgeklügelten Einzelheiten immer mehr. Der Name Fionnuala war für uns eine wunderbare – und vielleicht sogar wundersame – Bestätigung unserer Entscheidung.

Die junge Frau, die mich an Irlands Westküste mitgenommen und mir von ihrer Kindheitsfreundin erzählt hatte, hatte nicht gewusst, dass sie von meiner zukünftigen Frau sprach. Die Mutter, die die Reisen der beiden Mädchen geplant hatte, war meine zukünftige Schwiegermutter. Die Frau, die mir prophezeit hatte, dass Gott meinen Herzenswunsch nach einer Ehefrau eines Tages erfüllen würde, hatte keine Ahnung gehabt, dass dies ihre Kindheitsfreundin sein würde.

Als wir verheiratet waren und zu einem Besuch nach Irland zurückkehrten, versuchten wir erfolglos, Fionnuala Allen zu finden. Bis heute haben wir sie nicht aufgespürt, aber sie hat zu unterschiedlichen Zeiten unseres Lebens für uns beide eine große Rolle gespielt. Da es vorher weder von Margarets Seite noch von meiner irgendeine Verbindung zwischen uns gegeben hat, hat Gott ein Eins-zu-drei-Millionen-Wunder gewirkt. Wer weiß, vielleicht erhört Gott unsere Gebete, und Fionnualas und unser Weg wird sich irgendwann in diesem Leben noch einmal kreuzen, doch wenn nicht, dann werden wir ihr im Himmel wiederbegegnen, so Gott will.

Die leise, kleine Stimme
der Autorität

Delores Christian Liesner

Barb hielt mir die Bürotür auf in der Meinung, ich wäre direkt hinter ihr.

»Hast du etwas vergessen?«, fragte meine Mitarbeiterin verwundert, als ich mit verwirrter Miene einfach nur dastand.

Ruf gleich Ken an; er braucht dich. Diese dringende Aufforderung erfüllte meinen Kopf, deshalb hatte ich mitten im Schritt alarmiert angehalten. Ich dachte an all die Dinge, die zu erledigen waren, und zögerte.

»Was ist los?«, fragte meine Freundin.

»Ich muss zu Hause anrufen. Ken braucht mich«, erwiderte ich und ging ins Büro zurück. Sie folgte mir, als ich auf das nächstbeste Telefon zueilte.

»Was ist los?«, fragte sie mich und sah mich seltsam an. »Hattest du nicht eine Liste voller Erledigungen? Das Telefon hat doch gar nicht geläutet ... Woher weißt du, dass er dich braucht?«

»Ich weiß nur, dass es dringend ist«, sagte ich, während ich unsere Nummer wählte.

Als Ken ans Telefon ging, war seine Stimme schwach, und meine Unruhe wuchs.

»Schatz, was ist los mit dir?«, fragte ich.

»Ich weiß es nicht«, murmelte er. »Mir ist schlecht. Ich hab Kopfweh. Ich weiß nicht mehr, ob ich Aspirin genommen habe.«

Mein starker Held, der normalerweise niemals krank war, klang so weit entfernt!

»Soll ich nach Hause kommen?«, fragte ich, aber in Gedanken strich ich schon alles auf meiner Liste und versuchte, die aufsteigende Angst zu unterdrücken.

»Ja. Ich brauche dich.«

Barb machte große Augen, als ich ihr sagte, dass mit Ken etwas nicht stimme, und zum Parkplatz eilte. »Ich ruf dich später an«, rief sie noch, als ich die Tür hinter mir zufallen ließ.

Meine Tochter wohnt nebenan und war gerade auf der Veranda, als ich das Auto kreischend vor unserem Haus zum Stehen brachte. Ich rief ihr zu, sie solle ihren Mann Frank holen, falls ich Hilfe brauchte. Ken lag zusammengerollt auf unserem Bett. Er murmelte etwas von Hackbraten und Aspirin. Sofort rief ich die Notaufnahme im Krankenhaus an und dankte Gott, als ich mit einer Krankenschwester verbunden wurde, die ich kannte und die mich mit ruhiger Stimme aufforderte, Ken zu ihnen zu bringen. Sie versprach mir, alles für seine Aufnahme vorzubereiten. Frank half mir, Ken ins Auto und zum Krankenhaus zu schaffen.

Als wir ankamen, wusste ich, dass etwas ganz und gar nicht stimmte: Ken konnte der Schwester nicht sagen, wo er war. Schnell war er von einem medizinischen Team mit Spritzen, Schläuchen und einem Monitor umgeben. Als sie Ken zu einigen Untersuchungen mitnahmen, ging ich zur Aufnahme zurück, um Papiere zu unterschreiben und Fragen zu beantworten. Ich machte deutlich, dass es ihm gut gegangen war, als ich das Haus am Morgen verlassen hatte, und erzählte der Aufnahmeschwester, dass ich gerade das Büro verlassen hatte, um einiges zu erledigen, was ein oder zwei Stunden gedauert hätte, als ich die dringende Botschaft vernommen hatte: *Ruf gleich Ken an; er braucht dich.*

Kens Arzt kam hinter einem Vorhang der Notaufnahme hervor. Nach seinen Aussagen hatte Ken einen Schlaganfall gehabt und war gerade noch rechtzeitig gebracht worden. Später hätten Medikamente einen dauerhaften Schaden nicht mehr verhindern können. Der Arzt wollte alles über Kens Gesundheit und seine Aktivitäten in dieser Woche wissen. Zwei andere Ärzte kamen dazu und behaupteten hartnäckig, Ken müsse mich wegen seiner Krankheit zu Hilfe gerufen haben, oder er sei schon am Morgen krank gewesen, und ich hätte angerufen, um mich nach ihm zu erkundigen, oder wir würden uns immer zu dieser Tageszeit gegenseitig anrufen. Es kam mir vor wie ein Polizeiverhör. Schließlich fiel mir ein, dass die Schwester von der Aufnahme wahrscheinlich meine Geschichte wiederholt hatte, und dies hatte sicher unglaublich geklungen.

Jedes Mal, wenn ein Arzt verlauten ließ, was seiner Meinung nach *wirklich* passiert war, erzählte ich meine Geschichte noch einmal für alle Umstehenden, bis ein Arzt die Augenbrauen hob und fragte, ob ich damit sagen wolle, Gott habe mir die Anweisung gegeben, zu Hause anzurufen.

Ich konnte nur lächeln, als mein Herz und meine Stimme dies bestätigten:»Ja, genau so ist es.«

Der Arzt ging mit ungläubigem Kopfschütteln davon, um mit einem Neurochirurgen zurückzukehren, der Ken auch untersuchen und meine Geschichte hören wollte.

Inzwischen war Ken wieder im Normalzustand und war sehr verwundert, als er hörte, was geschehen war. Die Ausführungen des Arztes, dass Medikamente nicht mehr geholfen hätten, wenn ich erst nach meinen Besorgungen nach Hause zurückgekehrt wäre, machten uns tief betroffen. Ernüchtert stimmte Ken zu, über Nacht zur Beobachtung im Krankenhaus zu bleiben. Am nächsten Tag wurde er von einer Schar von Schwestern, Ärzten und Labortechnikern aufgesucht, die alle verwundert den Kopf schüttelten und sagten:»Sind Sie derjenige?«

Im Laufe der nächsten Monate wurde er mehrmals untersucht, aber es zeigten sich keine Schäden oder andere Folgen des Schlaganfalls. Ich wurde gebeten, mit Ken zu einem letzten Termin zu kommen. Man wolle prüfen, so erklärte uns eine Schwester, ob der Patient wirklich wieder zu einem normalen Leben zurückgekehrt sei oder ob er möglicherweise Veränderungen oder Nebenwirkungen des Traumas verschwiegen habe. Der Arzt lachte leise, als ich ihm versicherte, mein Mann sei völlig normal, ich hätte ihn nie anders gekannt. Und er lachte über Kens Bemerkung, er sei so dankbar, dass seine sonst eher aufmüpfige Frau auf so eine leise und doch deutliche Stimme gehört habe.

Wir witzelten alle herum, aber der gedämpfte Ton des Arztes beim Verlassen des Raums machte uns noch mal nachdenklich. Seine Worte hingen in der Luft, dass die einzige Erklärung für Kens guten Gesundheitszustand eine »Botschaft« zum richtigen Zeitpunkt sei.

Als der Arzt um die Ecke bog, hörten wir ihn noch flüstern: »Erstaunlich.«

Wer sitzt am Steuer?

Sheryl K. Jones

Auf der Heimfahrt entdeckte ich irgendwann ein Plakat mit der Aufschrift: »Wenn Jesus dein Kopilot ist, solltest du lieber die Plätze tauschen.« Dieses Schild bestätigte aufs Neue Gottes andauernde Führung in unserem Leben.

Mein Mann Randy und ich waren als Missionare in Kamerun gewesen. Randy hatte zusammen mit einheimischen Mitarbeitern die Übersetzung des Neuen Testaments in die Sprache der *Kom* abgeschlossen, und damit war unsere Aufgabe in Afrika beendet. Gott hatte uns danach zurück in die USA geführt, in das kleine Dorf Churchill in Montana.

Nachdem wir ein paar Monate lang vergeblich Arbeit gesucht hatten, zweifelte ich langsam daran, ob wir am richtigen Ort waren. Aber nicht nur das, sondern ich machte mir regelrecht Sorgen. Ob Gott uns vergessen hatte?

Im Oktober 2006 kam ein örtlicher Kartoffelbauer, der für die Erntezeit zusätzliche Arbeiter brauchte, auf Randy zu. Randy war dankbar, ein wenig Geld verdienen zu können.

Schon am ersten Tag wurde Randy klar, dass in diesem Job harte Arbeit und wache Sinne erforderlich waren. Selbst sein untergeordneter Posten verlangte einen aufmerksamen Blick. Randy war an einer Station, wo die Kartoffeln, die frisch vom Feld kamen, von den übervollen Lastwagen auf ein Förderband abgeladen wurden. Aus der Kartoffelflut, die sich über ein Sortierband ergoss, las er zusammen mit anderen Männern Steine und große Erdbrocken heraus und warf sie in die große Schaufel einer Planierraupe direkt hinter seiner Station. Die Kartoffeln für die Lagerung wurden durch das Förderband zu anderen Stationen transportiert.

Jeden Morgen stand Randy früh auf und arbeitete den ganzen Tag in Kälte und Regen und Hitze mit den anderen am Sortierband. Er kam nach Anbruch der Dunkelheit nach Hause, verdreckt und müde.

An einem Morgen, als Randy gerade zum Bauernhof gefahren war, spürte ich mich getrieben, zu beten. Ich rief die Kinder zusammen.

»Papa hat heute Morgen furchtbar müde ausgesehen. Wir müssen für ihn beten – um Kraft und Bewahrung. Er arbeitet mit vielen gefährlichen Maschinen«, erklärte ich ihnen.

Als Randy an diesem kühlen Oktobermorgen auf dem Hof ankam, ging gerade die Sonne in leuchtendem Orange am Horizont auf. Ein Fahrer fuhr mit einem vollen Kartoffellaster rückwärts an das Förderband, um seine Ladung abzuwerfen. Randy und sein Partner nahmen ihre Plätze am Sortierband ein, schlossen ihre Jacken bis zum Hals und schoben ihre kalten Finger in abgetragene Handschuhe. Als die Knollen von der Ladefläche des Lasters rutschten und an ihren steifen Fingern vorbeihüpften, griffen sie in diesen Berg hinein.

Knapp fünfzehn Meter entfernt wartete ein anderer Kartoffellaster aufs Entladen. Der Fahrer stellte den Lkw ab, schaltete den Motor aus und ging weg, um an einer anderen Stelle zu arbeiten.

Der Vormittag verlief wie üblich. Über das Dröhnen der Maschinen hinweg redete und scherzte Randy mit seinem Partner, während er Steine und Erdbrocken über seine Schulter nach hinten in die Schaufel der Planierraupe warf.

Dann merkte Randy auf einmal, dass sein Kollege ihm nicht mehr antwortete.

Randy hob den Kopf. Die Augen des anderen Mitarbeiters wurden größer und größer. Sein Mund stand offen, er trat vom Sortierband weg, den Blick fest auf einen Punkt hinter Randy gerichtet.

Randy drehte sich um und erstarrte. Der geparkte Lkw, immer noch beladen mit einer Tonne Kartoffeln, rollte langsam den Hang hinunter und auf die Planierraupe zu, die direkt hinter Randy stand. Der Lastwagen gewann zunehmend an Fahrt.

Im Bruchteil einer Sekunde wurde Randy klar, dass es keine Fluchtmöglichkeit gab. Wenn der Laster die Planierraupe traf, wäre er zwischen der Schaufel mit den Steinen und dem Sortierband eingeklemmt und würde zerquetscht werden. Keine Zeit, zu überlegen. Keine Zeit zum Reagieren.

Die einzig mögliche Lösung: Jemand musste im Lkw sein und ihn anhalten.

Aber da war kein Fahrer.

Randy beobachtete, wie der unbemannte Lastwagen auf ihn zuraste. Er wusste, dass er gleich sterben würde, und erstarrte vor Schreck. Doch dann drehte der Laster, kurz bevor er in die Planierraupe geknallt wäre, schlagartig zur Seite ab.

Der Schwenk kam so abrupt, dass Randy nach oben sah, um festzustellen, wer das Fahrzeug plötzlich gelenkt hatte. Der Lkw hatte die Planierraupe nur um Zentimeter verfehlt. Randy beobachtete, wie er vorbeirollte und gegen einen anderen Lastwagen prallte. Als Metall auf Metall stieß, schallte das Echo, als ob Hunderte von Musikern in die Becken schlugen.

Alle rangen nach Atem in der kühlen Morgenluft. Der Lkw war führerlos.

Die Arbeiter standen reglos an ihrem Platz. Sie waren Zeugen eines Wunders geworden, und viele priesen Gott für Randys Bewahrung. Mit einer leichten Drehung am Lenkrad zur richtigen Zeit hatte Gott Randys Leben gerettet.

Aber wer hatte das Lenkrad bewegt? Hatte sich der Laster aus eigener Kraft gedreht?

Oder hatte sich womöglich rechtzeitig ein Gnadenengel auf dem Fahrersitz eingefunden?

Als Randy an diesem Abend nach Hause kam und erzählte, was passiert war, saßen wir da und staunten nur. Gott hatte unser Gebet erhört.

Die Begebenheit zeigte mir, dass Gott uns auf eine ganz liebevolle Art und Weise lehrt, was wichtig ist. Ich hatte mir Gedanken darüber gemacht, ob Gott sich überhaupt noch um uns kümmert, aber durch das Erlebnis mit dem wegrollenden Lkw zeigte Gott mir zum richtigen Zeitpunkt, dass er für uns sorgt.

Gottes Botschaft kam laut und klar bei mir an. Er hatte alles im Griff. Offensichtlich hatte er mit Randy in Churchill eine ganz bestimmte Absicht. Wir mussten nur ihm vertrauen, dass er das Richtige tun würde.

Ein paar Monate später wurde Gottes Plan sichtbar. Randy wurde gebeten, der nächste Pastor in der *Manhattan Bible Church* im Nachbarort zu werden. Ich war so froh, dass Gott auf dem Fahrersitz war und unsere Zukunft genau dorthin lenkte, wo er uns haben wollte – zu seiner Ehre und zu unserem Besten.

Überraschung von Tür zu Tür

Janice Rice

Ich war in Fidschi im Dienst für Gott von Tür zu Tür unterwegs, erzählte den Menschen eine dreiminütige Geschichte aus der Bibel und fragte, ob ich für sie beten solle. Das erste Haus, das wir an diesem Tag besuchten, war in einer Landgemeinde, wo man es nicht gewohnt war, dass Amerikaner kamen.

Eine freundliche Hindufrau, Sevita, kam uns an ihrem ländlichen Tor entgegen und lud uns zum Tee ein. Wir zogen unsere Flipflops aus und betraten ihr bescheidenes Heim, das schöner war als viele Häuser hier. Sie war den Tag über allein; das war ungewöhnlich, denn die meisten Familien lebten mit den Großeltern und anderen Verwandten zusammen.

Ich setzte mich aufs Sofa, mein Übersetzer und ein Mitglied des Teams nahmen in der Nähe Platz. Zuerst erzählte ich die Geschichte der blutflüssigen Frau, die Jesus nach zwölf Jahren der Krankheit geheilt hatte. Dann fragte ich unsere Gastgeberin, ob sie gern hätte, dass wir für etwas Bestimmtes beteten – für Heilung, Arbeit oder Familienangelegenheiten.

Sie sprach nicht gut Englisch, und ich sprach kein Hindi. Als sie meinem Blick begegnete, sah sie mir ein oder zwei Sekunden lang in die Augen. Dann sagte sie dem Übersetzer, sie habe eine große Hernie, also einen Eingeweidebruch, und der Termin für die Operation in drei Monaten stehe schon fest. Doch sie habe Angst davor und wie viele andere Leute in diesem Land eigentlich gar kein Geld für eine OP. Sevita bat den Übersetzer auf Hindi: »Sag ihr, dass sie mit mir kommen soll.«

Offensichtlich wollte sie mit mir allein sein, ohne meine beiden männlichen Begleiter.

Ich folgte der Frau durch einen kleinen Gang zur Küche. Sie sah mich an, nahm meine Hand und legte sie auf ihren Bauch. Ich spürte die Vorwölbung der Bauchdecke von der Größe einer Grapefruit. Durch ihr dünnes Baumwollkleid hindurch war er zu sehen, aber nicht auffällig, weil sie eine ziemlich große Frau war. Als ich ertastete, wie riesig die Vorwölbung war, konnte ich mir vorstellen, welche Schmerzen diese Frau leiden musste. Ich nickte, nahm meine Hand weg und fing an, zu beten.

Wenn man im Begriff ist, um Heilung zu beten, überfallen einen meist kurz vorher Zweifel. Man denkt: *Wer bin ich, dass ich Gott bitten könnte, diese Frau zu heilen?*

Dann erinnert man sich, dass es nicht die eigene Kraft ist, sondern Gottes Kraft, die durch uns wirkt. Man macht sich klar, dass Gott nach Menschen sucht, die sich ihm zur Verfügung stellen und bereit sind, im Glauben vorwärtszugehen.

Nach solchen Überlegungen sagte ich Gott im Gebet zuerst, wie ich mich fühlte.

»Vater«, begann ich auf Englisch und wusste, dass Sevita wahrscheinlich kein Wort verstehen würde. »Du weißt, ich kann niemand heilen, aber du kannst es. Deshalb bitte ich dich, das Unmögliche zu tun. Ich bitte dich, jetzt diesen Bruch zu beseitigen, im Namen Jesu. Ich flehe dich an, dass du Sevita durch das Blut Jesu vollkommen von diesem Bruch heilst. Lass ihn völlig aus ihrem Körper verschwinden.«

Ich hielt inne und wusste nicht, was ich noch sagen sollte. Gott würde sie heilen, wenn er es wollte. Ich jedenfalls konnte es nicht, ich bin noch nicht einmal Ärztin.

»Amen«, sagte ich.

Als ich Sevita anschaute, wurde ich von Mitgefühl erfasst. Ich musste ihr unbedingt das Evangelium weitergeben.

»Sevita, es kann sein, dass Gott auch deinen Körper heilt, aber deine Seele ist es vor allem, die Rettung braucht«, sagte ich, meine Hand auf ihrer Schulter.

Sie zog fragend die Augenbrauen zusammen, da sie kein Englisch verstand. Wir mussten beide lachen, weil wir sahen, dass wir uns nicht verständigen konnten.

»Komm mit«, bat ich sie und führte sie zurück ins Wohnzimmer. Als wir uns gesetzt hatten, verdolmetschte der Übersetzer:»Sevita, Gott heilt vielleicht deinen Körper, aber wenn du einmal stirbst, ist es deine Seele, die zu ihm in den Himmel gehen sollte.«

Sie nickte zustimmend, sagte aber nichts, und so fuhren wir fort. »Wichtiger als ein gesunder Körper ist ein Geist, der Jesus als Herrn und Heiland kennt. Jesus ist der Sohn Gottes. Er führte ein sündloses Leben und tat viele Wunder. Aber eifersüchtige religiöse Männer schlugen ihn und nagelten ihn an ein Kreuz, wo er für unsere Sünden starb. Doch am dritten Tag ist Jesus von den Toten auferstanden und lebt nun für immer. Er war nicht nur ein guter Mensch. Er ist Gott.«

Viele Hindus erkennen Jesus als eine weitere Gottheit unter den unzähligen Göttern ihrer Religion an. Ich hatte das Bedürfnis, ihr verständlich zu machen, wer Jesus wirklich ist.

Sevita erwiderte meinen Blick lang und anhaltend, wie mir schien. »Wenn ich Jesus bitte, mein Retter zu sein ... wird er mich dann heilen?«, fragte sie.

Wer kann eine solche Frage beantworten?, dachte ich bei mir.

Ich saß auf meinem Platz und schwitzte. Diese Frage konnte man nicht mit einer oberflächlichen Antwort abfertigen. Sevita wollte die Wahrheit wissen und hatte das Recht, sie zu erfahren. Die Gedanken rasten durch meinen Kopf, an meinen Handflächen bildete sich Schweiß.

Ich schaute hilfesuchend zu meinem Übersetzer und dem anderen Mitarbeiter hinüber, doch diese zuckten die Achseln. Innerlich flehte ich Gott um Hilfe an. Auf einmal sprach er so klar zu mir, dass ich es nie vergessen werde: *Glaube*, sagte Gott, *ich ehre den Glauben.*

Ich setzte mich aufrecht hin und sah Sevita in die Augen.

»Sevita«, begann ich. »Gott ehrt den Glauben. Es ist seine Entscheidung, ob er dich heilt oder nicht. Ich kann es auf jeden Fall nicht. Dennoch glaube ich, wenn du ihm dein Vertrauen schenkst, wird er deinen Glauben ehren und dich heilen. Aber denk daran, es ist seine Entscheidung, nicht unsere.«

Puh! Ich glaube, ich sagte das Ganze in einem Atemzug. Sie runzelte die Stirn und hielt den Blick weiterhin starr auf mich gerichtet. Dann schlug sie sich entschlossen auf ihr Knie.

»Ich will es tun«, stimmte sie auf Hindi zu. »Ich will Jesus mein Leben geben.«

»Gepriesen sei Gott!«, rief ich. Mithilfe des Übersetzers betete ich ein Gebet der Lebensübergabe an Jesus mit ihr. Es war unglaublich. Diese Frau war bisher noch nicht geheilt, aber trotzdem setzte sie im Glauben ihr Vertrauen auf Jesus.

Nach dem Gebet standen wir auf. Normalerweise hätten wir uns jetzt verabschiedet und uns auf den Weg zum nächsten Haus gemacht, doch niemand hatte es mit dem Aufbruch eilig. Sevita war heute allein und freute sich offensichtlich an unserer Gesellschaft. Sie nahm uns mit in die Küche, bot uns Saft und Gebäck an und zeigte uns ihre jungen Hühner in einer Kiste an der Küchenwand. Wir spielten ein bisschen mit ihnen, bewunderten daraufhin die Zuckerrohrfelder, auf denen Sevitas Mann und ihre Söhne schwer arbeiteten, und schauten uns Familienfotos an. Dann umarmten wir sie und gingen weiter zu ihren Nachbarn.

Als ich mich noch einmal umdrehte, stand Sevita auf der überdachten Veranda und sah uns nach. Ihr Gesicht war verändert. Sie lächelte uns zu und winkte zum Abschied. Das war ein ganz besonderer Vormittag gewesen, und jetzt war es erst halb zehn!

Am nächsten Tag gingen wir in einer anderen Gegend von Tür zu Tür und trafen uns danach mit dem ganzen Team in einer Pizzeria. Wir hatten auch die Jugendgruppe und den Pastor aus unserer gastgebenden Gemeinde dazu eingeladen. Wie mit den Jugendlichen aus unserer Gemeinde in Amerika hatten wir auch mit diesen jungen Leuten zusammen Spaß, lachten, aßen Pizza und tranken Limonade. Irgendwann kam ihr Pastor herein und setzte sich neben mich.

»Ach, Pastor«, sagte ich und dachte plötzlich wieder an Sevita. »Wir haben Sevita, einer Frau draußen in *Ba*, Ihre Visitenkarte dagelassen. Sie hat gestern ihr Leben dem Herrn gegeben. Der Pastor vor Ort sollte ihr weiter nachgehen.«

»Ja«, antwortete der Pastor. »Sie hat mich schon angerufen.«
»Wir haben gestern für sie gebetet«, fuhr ich fort, ohne ihm richtig zuzuhören. »Sie hat Jesus angenommen ... Moment mal! Sie hat schon bei Ihnen angerufen?«

»Ja«, sagte der Pastor mit einem Lächeln. »Sie bat mich, Ihnen auszurichten, dass sie geheilt ist.«

»Sie ist geheilt?« Mein Herz raste vor Überraschung.

»Der Bruch ist völlig weg.«

Ich lachte und klatschte in die Hände. »Sie ist geheilt worden!«, rief ich dem jungen Mann zu, der am Vortag für mich übersetzt hatte. »Sie ist geheilt!« Ich erzählte es auch dem anderen Mitarbeiter. »Sevita ist vollkommen geheilt.«

Alle jubelten.

In mir war nur noch Ehrfurcht, als ich meine Pizza vollends aß und die Limonade trank. Mein Verstand versuchte, das Unbegreifliche in allen Einzelheiten zu erfassen. Aber das sind Wunder – übernatürliche, nicht zu begreifende Glanzpunkte in unserem ganz gewöhnlichen Leben. Gott schenkt sie, um normalen Menschen seine unglaubliche Liebe für sie zu zeigen. Ein Zusatzgeschenk ist, dass die Menschen, die er dazu gebraucht, für ein Wunder zu beten, sich genauso gesegnet fühlen wie die, die er heilt!

Glaube, flüsterte Gott. *Ich ehre den Glauben.*

Ein Engel im Spiegel

Sally Edwards Danley

»Oma, wenn Papa nicht zu Hause ist, ist seine neue Frau Estelle gemein zu Melissa. Sie gibt ihr Ohrfeigen und verhaut sie. Wir wissen nicht, warum, aber wir wollen nicht mehr, dass sie unsere Mama ist.« Die Stimme der Vierjährigen rührte mich zu Tränen. »Oma« war meine beste Freundin Josie; weil ihre Enkelinnen übers Wochenende da waren und ihr Mann Tom außerhalb der Stadt auf einer Baustelle arbeitete, war ich gekommen, um ihr zu helfen.

Ich hatte so viel von Josies Enkelinnen gehört, dass ich mich darauf gefreut hatte, sie kennenzulernen.

Peter, der Vater der Mädchen, war der jüngere der beiden Söhne von Josie und Tom. Er und seine neue Frau Estelle waren übers Wochenende verreist.

Peter hatte erst vor einer Stunde das Haus verlassen, als die kleine Teena plötzlich von der Grausamkeit der neuen Stiefmutter erzählte.

»Ja, Oma«, meldete sich Barby, die Jüngste, zu Wort. Sie war drei. »Und sie verhaut Melissa. Ich mag es nicht, wenn meine Schwester weint.« Die Tränen standen ihr in den Augen.

Josie und ich waren beide schockiert.

Die fünfjährige Melissa ließ den Kopf hängen und bewegte sich langsam durch das Zimmer auf Josie zu. Sie schwieg, als ihre Schwestern berichteten. Dann schaute sie ihre Oma an, und als diese die Arme ausbreitete, kletterte sie auf Josies Schoß, die anderen beiden kamen hinterher. Ich saß neben ihnen auf dem Sofa und war hocherfreut, wie leicht Barby mir vertraute, als diese auf meinen Schoß stieg.

Wie Mutterhennen sammelten Josie und ich die drei Kleinen um uns.

Melissa hatte versucht, nicht zu weinen, als ihre Schwestern von den Misshandlungen erzählt hatten. Aber jetzt, wo sie sich in Sicherheit fühlte, schluchzte sie in den Armen ihrer Großmutter. Alle drei heulten laut los. Sogar Josie und auch mir liefen die Tränen über die Wangen.

Eine Woche zuvor, als wir uns wie üblich zu unserem Samstagsfrühstück in einem Restaurant in der Nähe getroffen hatten, hatte Josie mir angedeutet, dass Estelle sich offensichtlich nur schwer an die Mädchen gewöhnte. Sie hatte nie Kinder gehabt und war vorher nie verheiratet gewesen. Für drei kleine, energiegeladene Stieftöchter plötzlich Mutter zu sein, war nicht leicht für sie.

Josie war erschüttert über den Bericht der beiden Mädchen, aber sie wusste nicht, was sie tun sollte. Sie war eine sehr sanfte Frau und zu ängstlich, um jemandem davon zu erzählen – selbst Tom.

Ich war froh, dass ich bei ihr war, sonst hätte sie diese seelische Last allein tragen müssen.

Josie und ich stimmten überein, dass Tom sich zu sehr aufregen würde, wenn er wüsste, was seine Enkelinnen erzählt hatten. In jüngeren Jahren hatte er ein stark aufbrausendes Temperament besessen. Seit er in die Gemeinde eingebunden war, war er ruhiger geworden, aber trotzdem waren Josie und ich uns einig, dass er jetzt noch nichts erfahren sollte. Solange die Geschichte der Mädchen noch nicht von einer anderen Seite bestätigt worden war, wollte meine Freundin sie lieber noch für sich behalten.

In den nächsten paar Wochen berichteten die jüngeren Mädchen von einigen weiteren Vorfällen. Wir fanden heraus, dass Estelle zu Unrecht Melissa schlug, wenn eines der beiden jüngeren Kinder Unfug gemacht hatte. Melissa ertrug die Bestrafung schweigend, und dem Vater erzählte keines der Mädchen etwas davon.

Josie und ich waren ganz niedergeschlagen, weil wir nicht wussten, wie wir vorgehen sollten. Meinen Vorschlag, Peter oder die Behörden einzubeziehen, lehnte Josie ab. Sie wollte weder Peter noch Tom aufregen und fürchtete, die beiden würden sich gegen sie wenden, vor allem, weil sie keinen Beweis hatte.

Wir fühlten uns machtlos. An einem Samstag schlug ich vor, dass wir Gott im Gebet bitten sollten, die Mädchen zu beschützen. Josie war gleich einverstanden. Sie griff über den Tisch nach meiner Hand und bat mich, zu beten.

Ich bestürmte Gott:»Herr, Josie und ich wissen, dass du hilflose kleine Kinder besonders bewachst. Wir sind gewiss, dass du sie vor Schaden bewahren kannst. Darum, Herr, bitten wir dich, einen mächtigen Engel zu schicken und die kleine Melissa vor Estelle zu schützen. Danke, Herr, dass du diesen Engel in ihr Zimmer sendest.«

Eine Woche später nahmen Josie und ich Melissa mit, um Kleider für die Schule für sie zu kaufen. Teena und Barby ließen wir zu Hause bei Tom.

Melissa war so glücklich, wie ein großes Mädchen behandelt zu werden. Wir unterhielten uns über die bevorstehende Vorschule, ein großer und wichtiger Schritt für sie. Wie drei Jugendliche genossen wir es, zusammen einzukaufen und uns zu unterhalten.

Die Sonne ging unter, als wir das Einkaufszentrum verließen. Als wir über den riesigen Parkplatz zu Josies Auto gingen, starrte Melissa zu den strahlenden Flutlichtern hinauf.

Plötzlich rief sie:»Das ist fast so hell wie mein Engel im Spiegel!«

Josie und ich blieben abrupt stehen. Ihre unerwartete Bemerkung verwunderte uns nicht wenig.

»Ach, hast du eine Engellampe, Melissa?«, fragte ich.

»Nein«, sagte sie.»Es ist ein echter Engel in meinem großen Spiegel. Früher hatte ich immer solche Angst, wenn ich ins Bett ging. Aber jetzt ist der schöne leuchtende Engel nachts immer im Spiegel auf meiner Kommode. Er ist so groß, dass er den ganzen Spiegel ausfüllt. Er singt mir ganz leise vor, und ich weiß, er beschützt mich. So kann ich gut einschlafen.«

Erleichtert flüsterte Josie, sie habe in letzter Zeit von den anderen Mädchen nicht mehr gehört, dass Melissa geschlagen worden sei.

Wir fuhren zu Josies Haus zurück und hörten zu, wie Melissa glücklich vor sich hin plapperte.

In der nächsten Woche trennten sich Peter und Estelle. Später erzählte Peter Josie, was passiert war: Er war zu Melissas Zimmer gegangen, um ihr Gute Nacht zu sagen. Als er die Tür öffnete, beobachtete er, wie Estelle das Kind schüttelte und im Flüsterton ausschimpfte. Das machte ihn wütend, und er befahl Estelle, das Zimmer zu verlassen. Dann tröstete er seine weinende Tochter und hielt sie im Arm, bis sie sich so weit beruhigt hatte, dass sie einschlafen konnte.

Peter war voller Wut, doch er wusste nicht, was er tun sollte. Schließlich wurde ihm klar, dass er nicht mehr das Vertrauen hatte, Estelle mit den Kindern allein zu lassen. Deshalb bat er sie, noch in dieser Nacht zu gehen. Seine Töchter waren ihm wichtiger als eine Frau, die seine Kinder misshandelte, und schließlich wurde die Ehe beendet.

Die Mädchen sagten nie mehr etwas darüber, was nach unserem Gebet geschehen war. Wir wissen nur, dass Melissa zweifellos von einem Engel beschützt wurde. Vermutlich war das auch der Grund, warum Peter im richtigen Moment ins Zimmer gekommen war. Die genauen Zusammenhänge werden wir wohl nie erfahren, aber wir waren unendlich dankbar für den Engel im Spiegel.

Gnädiges Eingreifen

Walter B. Huckaby

Ende Januar 1968 kam ich in Vietnam an. Ich weiß noch, wie aufgeregt der Matrose war, der die Treppe zu unserem Flugzeug brachte, damit wir von Bord gehen konnten. Er erzählte uns, dass der Stützpunkt in der Nacht davor von Raketen getroffen worden war. Schaute man die Landebahn hinunter, sah man eine Flugzeughalle, die von dem Angriff ein riesiges Loch im Dach hatte. Es war der erste Tag nach dem Beginn der berüchtigten *Tet-Offensive*. Die Nordvietnamesen hatten überall in Südvietnam Angriffe gestartet und unsere Truppen überrumpelt. Das Maschinengewehrfeuer in der Ferne machte mir bewusst, dass ich mich in einem Kriegsgebiet befand.

Ich hatte ein ungutes Gefühl, nicht bei meiner Frau Kezia und unserer Tochter zu sein, vor allem, da wir davon ausgingen, dass unser nächstes Kind bald zur Welt kommen würde. Aber meine Stationierung sollte nur knapp über einen Monat dauern, so würde ich rechtzeitig zur Geburt unseres zweiten Kindes zurück sein.

Die Zeit in Vietnam verging recht schnell. Ich traf mich oft mit anderen Christen zum Gebet und Bibelstudium. Meine Aufgabe war es, die Elektronikwerkstatt für die beiden Flugzeuge unserer Einheit zu beaufsichtigen, ein anderer Mann war für die Reparatur und Installation von Telefonen zuständig, und der dritte Mann war Bomberpilot. Unser tägliches Bibelstudium und das gemeinsame Gebet gaben mir Kraft für die anstrengende Zeit, die vor mir lag.

Nachdem ich zu meiner Familie auf die Insel Guam zurückgekehrt war, war der Alltag vom Warten auf unser nächstes Kind bestimmt. Ich arbeitete als Luftfahrtelektroniker für die US-Marine. Alles ging gut bis zu jenem Sonntagmorgen. Wir wollten gerade zur Kirche aufbrechen, als Kezia plötzlich starke Blutungen bekam. Ich brachte sie ganz schnell ins Krankenhaus.

Die Ärzte operierten meine Frau, um die Blutung zu stillen, mussten aber zuerst ein Blutgefäß finden, das nicht kollabiert war, damit sie Kezia eine Bluttransfusion geben konnten. Sie hatte mehr als die Hälfte ihres Blutes verloren, doch es gelang den Medizinern, Kezias Leben zu retten. Weil die Ursache der Blutung noch nicht klar war, musste meine Frau noch zu verschiedenen Untersuchungen im Krankenhaus bleiben.

Am Donnerstag wurde ich wieder ins Krankenhaus gerufen, um die Diagnose zu erfahren. Was wie eine normale Schwangerschaft ausgesehen hatte, war in Wirklichkeit eine Blasenmole, bei der sich in der Fruchtblase kein Embryo entwickelt. Eine solche Blasenmole kann in ein bösartiges, sehr schnell wachsendes *Chorionkarzinom* – Zottenkrebs – entarten, und das war bei meiner Frau der Fall. Der Tumor, der in der Gebärmutter entstanden war, hatte ein Blutgefäß durchbrochen, und durch die Blutbahn hatte sich der Krebs bis zu den Lungen ausgebreitet. Dies war deutlich auf den Röntgenaufnahmen zu sehen.

Wenn man ihn früh genug entdeckt, kann man diesen Tumor normalerweise behandeln. Aber bei Kezia war er schon weit vorangeschritten.

Als ich vom Krankenhaus wegfuhr, um meine kleine Tochter abzuholen, weinte ich, denn mir wurde bewusst, dass mein kleines Mädchen vielleicht ohne Mutter aufwachsen musste. Ich hatte meine Mutter mit sieben Jahren verloren und erinnerte mich kaum noch an sie. Meine Tochter, die erst im Kindergartenalter war, würde wahrscheinlich überhaupt keine Erinnerungen an ihre Mutter haben.

Aber ich weiß noch, dass ich mitten in dieser erdrückenden Not ein tiefes Gefühl des Friedens und des Vertrauens auf den Herrn hatte.

Philipper 4,6-7 spricht von dem Frieden, den der Herr mir in dieser Situation schenkte:

Sorgt euch um nichts, sondern betet um alles. Sagt Gott, was ihr braucht, und dankt ihm. Ihr werdet Gottes Frieden erfahren, der größer ist, als unser menschlicher Verstand es je begreifen kann. Sein Friede wird eure Herzen und Gedanken im Glauben an Jesus Christus bewahren.

Ich folgte Jesus seit fünf Jahren nach und hatte gelernt, dem Herrn in allen Umständen zu vertrauen, aber dies war mit Abstand die schwerste Prüfung bis jetzt. Wie konnte es sein, dass ich dem möglichen Tod meiner Frau mit all dem Schmerz, den er mit sich bringen würde, ins Auge sah und trotzdem einen tiefen inneren Frieden hatte? Die Bibel sagt dazu: Dieser Friede übersteigt jede Vernunft.

Ich führte einige Ferngespräche, eines davon mit meinem Vater, der im *Porterville State Hospital* in Kalifornien in der Psychiatrie als Techniker arbeitete. Er erkundigte sich bei den Ärzten im Krankenhaus nach Kezias Krebs und erhielt die Auskunft, dass die Krankheit in diesem Stadium tödlich sei.

Andere Telefonate gingen zu Freunden aus unserer Gemeinde, wo wir uns kennengelernt, verliebt und geheiratet hatten. Sie bereiteten sich gerade auf eine Bibelkonferenz im *Yosemite*-Nationalpark vor. Nach meinem Bericht über Kezias Zustand versprachen sie, die Besucher der Konferenz um ihr Gebet zu bitten; dadurch beteten Hunderte von Gläubigen aus Gemeinden entlang der Westküste für Kezia. Viele der Konferenzteilnehmer nahmen das Anliegen mit nach Hause und gaben es weiter, sodass wohl Tausende von Christen für uns beteten.

Die Marine handelte schnell und verlegte meine Frau mit dem Flugzeug ins Marinekrankenhaus in Oakland in Kalifornien. Das Flugzeug war voll mit Verletzten aus dem Vietnamkrieg, darunter auch der Bürgermeister von Saigon. Kezia wurde zu einem Luftwaffenstützpunkt in Kalifornien gebracht und von dort mit dem Krankenwagen ins *Oak Knoll*-Marinehospital gefahren.

Im Krankenhaus hörte meine Frau, wie ein Arzt einem Kollegen sagte, sie sei hier wegen einer Totaloperation. Sie erhob Einspruch. Sie wollte nicht, dass irgendetwas gemacht wurde, bevor ich da war, und sie wollte unbedingt noch weitere Kinder bekommen.

In der Zwischenzeit war ich immer noch auf Hawaii. Die Marine hatte mir für diesen Notfall Sonderurlaub gegeben, damit ich nach Kalifornien reisen und bei meiner Frau sein konnte. Mit meiner kleinen Tochter von Guam nach Hawaii zu kommen, war einfach gewesen, doch die Flüge von Hawaii nach Kalifornien waren alle ausgebucht. Da ich wegen eines Notfalls freigestellt war, hätte ich einen Passagier verdrängen und ins Flugzeug steigen können. Mein Kind konnte jedoch nur mitreisen, wenn ein Platz frei war. Wir brauchten vierundzwanzig Stunden, bis wir in Südkalifornien ankamen.

Endlich konnte ich meine Frau im Krankenhaus besuchen. Als sie meinen Gesichtsausdruck sah, versprach sie mir, dass alles gut werden würde. Diese Gewissheit hatte sie nicht von den Ärzten, sondern durch Bibelworte vom Herrn erhalten.

Sie hatte die Verse gelesen: *Er hat meine Seele vor dem Tode bewahrt, meine Augen vor den Tränen und meine Füße vor dem Stolpern. Ich darf in der Nähe des Herrn sein, solange ich lebe!* (Psalm 116,8-9).

Das konnte sie zuerst fast nicht glauben. Sagte ihr der Herr wirklich, dass sie diese furchtbare Krankheit überleben würde? Beim Weiterlesen stieß sie auf die Verse: *Ich werde nicht sterben, sondern leben, um zu erzählen, was der Herr getan hat. Der Herr hat mich schwer gestraft, doch er hat mich nicht dem Tod ausgeliefert* (Psalm 118,17-18).

Kezia glaubte, dass der Herr ihr diese Zusage gab, sie glaubte, dass sie überleben würde, und tröstete mich damit. Obwohl ich nicht diese Gewissheit hatte, wurde ich von ihrer zuversichtlichen Haltung ermutigt.

Zwei Monate lang wurde die Chemotherapie fortgesetzt.

Ich erhielt einen neuen Befehl und wurde zum örtlichen Marinestützpunkt *Alameda Naval Air Station* versetzt. Dort leitete ich die Werkstätten für Radar-, Kommunikations- und Navigationstechnik.

Die Chemotherapie hatte einige schwache Nebenwirkungen; der Rachen war entzündet, aber der Herr bewahrte meine Frau vor den normalerweise sehr schmerzhaften Nebenwirkungen.

Nach ungefähr zwei Monaten wurde Kezia aus dem Krankenhaus entlassen – der Krebs war verschwunden. Man sagte ihr, wenn er nicht innerhalb von fünf Jahren zurückkäme, würde man sie als ganz geheilt betrachten. Seither sind über fünfundvierzig Jahre vergangen. Es war eine vollständige Heilung!

Der Arzt, der Kezia auf Guam behandelt hatte, kam ein paar Jahre später in die Gegend, um den Behandlungserfolg bei einigen seiner Patienten zu überprüfen. Er war völlig verblüfft, als er hörte, dass meine Frau überlebt hatte. Und dass sie nicht nur den Gebärmutterkrebs überlebt, sondern danach noch drei weitere Kinder zur Welt gebracht hatte! Wir sind dankbar für das Geschick und das Fachwissen der US-Marine bei der Behandlung von Krebs. Aber noch viel, viel dankbarer sind wir für das Einschreiten Gottes, denn wir glauben, dass er die Gebete seiner Leute erhört hat. Das fortgeschrittene Stadium dieser Krankheit hätte für Kezia eigentlich den Tod bedeuten müssen.

Ich danke dem Herrn für sein gnädiges Eingreifen!

Wenn ich höre, dass Menschen Krebs im Endstadium haben, höre ich nicht auf, für sie zu beten. Vielleicht greift Gott auch in ihrem Leben ein.

Engel geben auf mich acht

Alice M. McGhee

Alles wurde schwarz um mich und doch nicht wirklich schwarz. Ich konnte nur noch pink-blaue Wirbel sehen. Die Farben bewegten sich wie pinkfarbener und blauer Zucker, der sich in der Maschine dreht und zu Zuckerwatte wird. Gleichzeitig hörte ich nur Stille – aber sie war ohrenbetäubend. Ich fühlte mich, als würde ich sterben.

»Wenn du bereit für mich bist, bin ich bereit für dich«, sagte ich innerlich zu Jesus.

Alles blieb stehen. Ich saß in meinem Auto und wusste, dass der Motor ausgegangen war, aber es kam mir vor, als würde sich mein Körper immer noch drehen. Die obere Seite meines Kopfes schmerzte furchtbar. Mein verwirrter Verstand versuchte, sich zusammenzureimen, wo ich war; ich wollte die Tür an der Fahrerseite des Wagens öffnen, aber sie ging nicht auf.

Das Auto war mitten in einem Wäldchen aus Jungbäumen gelandet. Die Tür an der Fahrerseite war so fest gegen die Bäume gedrückt, dass sie sich nicht öffnen ließ. Flüchtig nahm ich Autos und Lastwagen auf dem Highway über mir wahr, weit über mir. Ich wusste nicht genau, wo ich mich befand, und überlegte mir, ob ich vielleicht gestorben und in den Himmel gekommen war.

Vorne an der Beifahrertür klopfte es. Ein ganz normal wirkender Mann mit hellem Haar, Brille und einem roten Hemd fragte:»Hallo, geht es Ihnen gut?«

Er trug keinen Mantel, obwohl es heftig schneite und der Boden vereist war. Ich wusste nicht, woher er kam und wie er hierhergelangt war.

»Ich glaube, es ist alles in Ordnung, aber ich weiß es nicht sicher.«

»Wir müssen Sie aus diesem Wagen holen, da läuft Benzin aus. Können Sie nach hinten auf den Rücksitz kriechen?«

»Ich glaube, das kann ich.«

»Steigen Sie nach hinten, dann kann ich versuchen, Ihnen zu helfen. Nein, warten Sie! Ihr Auto steht in einem gefährlichen Winkel. Kommen Sie doch lieber vorne an der Beifahrertür heraus. Ich habe Angst, dass der Wagen kippt, wenn Sie es auf anderem Weg probieren. Bewegen Sie sich vorsichtig!«

Als ich über den Sitz rutschte, auf den Klang seiner Stimme zu, hatte ich überhaupt keine Angst. Ich vertraute ihm völlig, obwohl wir uns nie begegnet waren.

Der Mann im roten Hemd sagte:»Schnell weg vom Auto. Sie haben ein Leck im Tank. Der Geruch ist so stark.«

Nach und nach erfasste ich mehr von meiner Umgebung. Ich roch den beißenden Gestank des auslaufenden Benzins. Nicht weit entfernt von meinem Auto war ein steiler Hang, der mit Schnee und Eis bedeckt war, so viel konnte ich erkennen.

Der Schnee fiel nun schon eine ganze Weile. Ich konnte mir kaum vorstellen, wie ich es schaffen würde, zur Straße hinaufzuklettern. Durch Schnee und Eis war die Fahrbahn glatt geworden, und ich war in diese missliche Lage gekommen. Ich ging auf den Hang zu, der zur Straße führte, aber weil der Untergrund so rutschig und uneben war, war das schwierig.

Mein neuer Bekannter forderte mich auf, seinen Arm zu nehmen, er würde mir helfen, den Hügel irgendwie hinaufzukommen. Als ich meinen Arm durch seinen geschoben hatte, war das Gras auf einmal nicht mehr rutschig. Obwohl der Boden immer noch mit Eis und Schnee bedeckt war, war es plötzlich ganz leicht, den Berg hinaufzusteigen.

Ich hörte eine Sirene und sah das blinkende Licht einer Feuerwehr. Bei der Fernstraße oben auf der Anhöhe angekommen, wurde ich in die fürsorglichen Hände der Feuerwehrmänner übergeben.

Einer der Männer fragte nach meinem Auto.

»Es ist ganz da unten, wo die Bäume sind.«

Er ging in die Schlucht hinunter, um sich zu vergewissern, dass niemand sonst bei mir im Auto gewesen war. Da Schnee und Dunkelheit seine Sicht beeinträchtigten, brauchte er eine ganze Weile, bis er den Wagen gefunden hatte.

Der Rettungssanitäter fixierte meinen Kopf und Hals wegen der Wirbelsäulenversteifung, die früher schon bei mir gemacht worden war; die Helfer gingen sanft mit mir um.

Der Feuerwehrmann, der mein Auto gesucht hatte, kam zum Krankenwagen zurück und sagte: »Es ist sonst niemand in Ihrem Wagen. Und übrigens: Die meisten Leute, die ihr Auto so weit entfernt vom Highway abstellen, verlassen es nicht mehr zu Fuß! Ich denke, Sie sollten auch weiterhin große, schwere Autos wie diesen *Buick Park Avenue* fahren. Die Größe dieses Autos ist ganz bestimmt *ein* Grund, warum Sie noch am Leben sind.«

»Wo ist der Mann mit dem roten Hemd, der mich aus dem Auto geholt und mir den Hügel hinaufgeholfen hat? Ich möchte ihm für seine Hilfe danken.«

»Er stand noch vor einer Minute hier neben dem Krankenwagen«, wunderte sich einer der Männer. »He, John, hast du den Mann mit dem roten Hemd bemerkt, der den Unfall gesehen hat? Ich habe nach ihm gesucht, weil ich ihm ein paar Fragen stellen wollte, aber er war plötzlich verschwunden. Erst war er da, dann nicht mehr. Ich habe nicht einmal sein Auto gesehen. Keine Ahnung, wie er hierhergekommen ist. So etwas Merkwürdiges ist mir noch nie passiert.«

Die Fahrt im Rettungswagen zum Krankenhaus verlief ereignislos. Nach einer Computertomografie schätzten die Ärzte meinen Zustand als bemerkenswert gut ein und entließen mich nach Hause. Der Polizeibeamte Johnson kam in den Untersuchungsraum, wo ich mit meinem Mann wartete. Er fragte mich, wo ich vor dem Unfall gewesen sei und wohin ich hatte gehen wollen. Ich erzählte ihm, ich sei bei der Chorprobe meiner Gemeinde gewesen und hätte die nächste Ausfahrt beim Highway nehmen wollen, um dann das letzte Stück nach Hause zu fahren. Der Beamte behauptete, ich sei nicht in der Nähe der Ausfahrt gewesen.

»Sie wissen nicht genau, wo Sie waren, oder?«, fragte Johnson. Der Polizist fand es unglaublich, dass der Abschleppdienst fünfundvierzig

Meter Seil gebraucht hatte, um den Wagen aus der Schlucht zu ziehen. Er hatte versucht, die Spuren meiner Reifen zu verfolgen, doch da viele Autos Schwierigkeiten mit den vereisten Straßen gehabt hatten, waren die Spuren ein wildes Durcheinander gewesen. So kam er zu dem Schluss, mir keinen Strafzettel zu geben, weil er mir keinen anderen Fahrfehler nachweisen konnte als wahrscheinlich zu schnelles Fahren für die Straßenverhältnisse. Er ermahnte mich, in Zukunft vorsichtig zu fahren, und schickte mich nach Hause.

Mein Kopf pochte immer noch, als mein Mann und ich zu der Werkstatt fuhren, zu der mein Auto abgeschleppt worden war. Auf den ersten Blick sah der Wagen gar nicht so schlecht aus, aber der Mechaniker klärte uns darüber auf, dass der Rahmen verzogen, der Motor aus der Verankerung gestoßen und der Benzintank gebrochen sei.

Das Seltsame war, dass jeder Fußraum beinahe bis zum unteren Rand des Sitzes hochgedrückt war – nur der vor dem Fahrersitz nicht.

»Mir gefällt Ihr Aufkleber«, sagte der Mechaniker, »der mit der Aufschrift ›Engel wachen über mich‹. Ich weiß, dass jemand auf Sie aufgepasst hat, sonst hätten Sie dieses kaputte Auto nicht so verlassen können, wie Sie es getan haben. Glauben Sie an Gott?«

»Und ob ich das tue! Gott ist mein Leben und meine Rettung.« Dann ging ich dorthin, wo das Auto geparkt war. Ich fuhr mit der Hand sanft über den Aufkleber und betete still: »Gott, danke, dass du deine Engel geschickt hast, damit sie über mich wachen. Ich erkenne die Macht deiner Bewahrung. Ohne dich wäre ich gestorben.«

Mein Mann Ken fuhr zum Unfallort, um zu sehen, was er herausfinden konnte. Nach seiner Sicht musste ich den Reifenspuren nach mit dem hinteren Ende des Wagens zuerst in die Schlucht gestürzt sein. Dadurch wurde meine Wirbelsäule in den Fahrersitz gedrückt und gestützt – was dringend notwendig war, denn ich hatte bereits mehrere Operationen hinter mir, wo die Wirbelsäule versteift worden war. Wäre das Auto vorwärts gestürzt, kann ich mir nur vorstellen, in welchem Zustand mein Rücken anschließend gewesen wäre!

Der Aufkleber kam mir wieder in den Sinn. Ich wusste, dass ich für eine ganze Menge Dinge dankbar sein konnte. Warum Gott mein Leben verschonen wollte, weiß ich nicht, aber offensichtlich war er noch nicht fertig mit mir.

Als ich an diesem Abend zur Chorprobe gefahren war, hatte ich mit keinem Gedanken geahnt, wie dringend ich Gott vor dem Ende des Abends noch brauchen würde. Es war nur eine kurze Entfernung, und ich hatte keine Zweifel gehabt, die Fahrt mit meinen eigenen Fähigkeiten und Kräften zu bewältigen.

In dieser Nacht habe ich gelernt, Gott in *allen* Dingen zu vertrauen. Mir selbst zu vertrauen, war nicht genug. Gott hatte nicht nur über mich gewacht, obwohl ich ihn gar nicht darum gebeten hatte, sondern er hatte auch noch eine ganze Armee von Engeln dort aufgestellt – samt einem mit einem roten Hemd.

Der Schlüssel zu Gottes Macht

Bob Haslam

Ein Geist der Erweckung prägte die Veranstaltungen der Gemeinde in Michigan, wo ich Pastor war. Es war meine erste Pastorenstelle nach der Ausbildung – in einer Zeit, als die Gottesdienste noch ganz anders waren als heute. Jeden Sonntagmorgen hielt ich eine evangelistische Predigt und lud die Menschen ein, Christus als ihren Heiland anzunehmen. Innerhalb von ein paar Wochen vertrauten etliche, die auf der Suche nach Gott gewesen waren, Jesus ihr Leben an und arbeiteten nach und nach in unserer Gemeinde mit. Viele Menschen beteten darum, dass andere zum Glauben an Christus kämen, und luden ihre Freunde in die Kirche ein. Die Zahl der Besucher wuchs, und die Mitglieder kamen mit hohen Erwartungen in den Gottesdienst. Sie wollten miterleben, wie Menschen aller Altersgruppen eine Entscheidung für Christus trafen.

Wir boten Jüngerschaftsschulungen an für die, die zum Glauben gekommen waren; die Gemeindeglieder rechneten damit, dass immer noch mehr Menschen zum Herrn kamen. Die, die gerade Christen geworden waren, erzählten ihren Freunden von ihrem neu entdeckten Glauben an Jesus, und auf geistlicher Ebene kam immer mehr in Bewegung. Selbst junge Leute bezeugten Christus in der Schule.

Ein junges Paar besuchte regelmäßig unsere Gottesdienste am Sonntagmorgen. Als wir ein Lied sangen, das zu Christus einlud, strömten ihnen Tränen über die Wangen, doch sie machten keine Anstalten, nach vorn zu kommen. Ich fürchtete, sie würden vielleicht bald gar nicht mehr kommen, um sich nicht Gottes Wort und seinem Anspruch auf ihr Leben aussetzen zu müssen. Sie mussten unbedingt eine Entscheidung für Christus treffen, bevor sie Gottes Ruf an ihr Herz von sich wegschoben. Der Herr legte mir aufs Herz, für dieses Paar zu beten und zu fasten und auch für andere Menschen, die in den Gottesdienst kamen, aber noch nicht im Frieden mit Gott lebten.

An einem eiskalten Abend fühlte ich mich von Gott aufgefordert, zum Haus des jungen Paares zu fahren und die beiden einzuladen, ihr Herz für den Herrn zu öffnen. Ich ging zur Garage, startete den Wagen und wollte gerade rückwärts aus der Ausfahrt fahren, da merkte ich, dass der Wagen einen platten Reifen hatte. Es war nicht mein erster Reifenwechsel, daher wollte ich die Sache schnell erledigen und dann meiner eigentlichen Aufgabe nachgehen.

Ich steckte den Kofferraumschlüssel ins Schloss und drehte ihn. Zu meinem Entsetzen brach der Schlüssel ab. Jetzt wurde die Sache schwierig. Betrübt drückte ich den abgebrochenen Schlüssel noch mal ins Schloss und versuchte mehrmals, die Klappe zu öffnen, natürlich ohne Erfolg. Meine Frau war nicht zu Hause, und ich hatte auch keinen Nachbarn in der Nähe, den ich um Hilfe hätte bitten können, so wandte ich mich an den Herrn.

»Herr, ich bete darum, dass der Kofferraum aufgeht, wenn ich den Schlüssel ins Schloss stecke«, flehte ich. Ich war mir so sicher, dass der Herr mir an diesem Abend den Auftrag gegeben hatte, diesen Besuch zu machen, dass ich es wagte, um das Unmögliche zu bitten. Ich erinnerte mich an den Bibelvers: *Und wir dürfen zuversichtlich sein, dass er uns erhört, wenn wir ihn um etwas bitten, das seinem Willen entspricht* (1. Johannes 5,14). Wenn er wollte, dass ich diese Fahrt unternahm, musste es auch seinem Willen entsprechen, wenn ich ihn bat, mir die Fahrt zu ermöglichen.

Nicht ganz ohne Bedenken schob ich den Schlüsselstumpf ins Schloss und versuchte, ihn zu drehen. Es klappte! Zu meiner größten Freude drehte sich der kaputte Schlüssel im Schloss und öffnete die Kofferraumklappe. Ich nahm den Ersatzreifen und den Wagenheber heraus, hob das Auto an und wechselte den Reifen. Als ich danach den platten Reifen und den Wagenheber im Kofferraum verstaut und die Klappe verschlossen hatte, konnte ich mich auf den Weg machen.

Auf der Fahrt zum Haus des jungen Paares war ich mir ganz sicher, dass dieses Vorhaben von Gott gewollt war und er die Sache in seine Hand nehmen würde. Ich hoffte nicht mehr nur, dass die jungen Leute daheim waren, ich wusste, dass sie da sein würden und dass Gott alles im Griff hatte. Voller gespannter Erwartung fuhr ich die Landstraße entlang. Noch nie war ich so überzeugt gewesen, dass Gott mich führte.

Ich kam an, ging zur Haustür und klingelte. Sie hießen mich herzlich in ihrem Haus willkommen, und wir setzten uns hin und sprachen erst einmal eine Weile über dies und das. Dann erzählte ich ihnen, warum ich gekommen war, dass der Herr mir aufgetragen hatte, sie zu besuchen und sie einzuladen, den Herrn als ihren Heiland anzunehmen.

»Ich bin so froh, dass Sie heute Abend gekommen sind«, sagte die Frau unter Tränen. »Die ganze Woche habe ich mir gewünscht, wir wären letzten Sonntag nach vorn gegangen.«

Ich öffnete meine Bibel. Sie waren bereit, und noch an diesem Abend kam Rettung durch Jesus in ihr Haus.

Am nächsten Morgen versuchte ich mehrmals, den Kofferraum meines Wagens zu öffnen, aber alle Mühe war umsonst. Mir wurde bewusst, dass Gott am Abend vorher auf besondere Weise eingegriffen hatte und dass ich jetzt professionelle Hilfe brauchte, um das Schloss zu reparieren. Ich fuhr zu einem Schlosser, bei dem ich schon einmal gewesen war. Als ich ihm meine Geschichte erzählte, wollte er sie kaum glauben.

»Pastor Haslam, sind Sie sicher, dass das auch stimmt, was Sie mir da erzählen? Es kann doch nicht sein, dass Sie den Kofferraum mit einem abgebrochenen Schlüssel geöffnet haben.«

»Glauben Sie an Wunder?«, fragte ich ihn.

»Eigentlich nicht«, erwiderte er. »Ich habe schon viele abgebrochene Schlüssel gesehen, aber dass man ein Schloss damit geöffnet hat, habe ich noch nie erlebt.«

Der Schlosser holte mit einem bestimmten Werkzeug das abgebrochene Stück des Schlüssels aus dem Schloss heraus und fertigte einen neuen Schlüssel an. »Machen Sie gleich mehrere Ersatzschlüssel für mich«, sagte ich lachend.

»Mir fällt es immer noch schwer, Ihre Geschichte zu glauben, Pastor Haslam. Aber wenn sie stimmt, dann gebe ich zu, dass das ein Wunder war.«

Bis heute denke ich gern daran zurück, wie Gott eingriff und mir den Besuch doch noch möglich machte. Aber ich erlebte zwei Wunder an jenem Abend, denn nicht nur der kaputte Schlüssel funktionierte, sondern auch die Herzen der jungen Leute waren bereit für den Ruf Gottes. Auch das gehörte zu Gottes gnädigem Wunder.

Gott schützt die Schwachen

Marlene Anderson

»Ihr Sohn hat wahrscheinlich zerebrale Kinderlähmung schlimmster Ausprägung. Wir wissen nicht einmal, ob er auch geistig beeinträchtigt ist. Sie müssen so bald wie möglich einen Stützapparat anfertigen lassen, obwohl wir nicht mit Sicherheit sagen können, dass er das Gehen überhaupt lernen wird.«

Ich saß da, unfähig, zu atmen oder mich zu bewegen. Meine Welt kam zum Stillstand, als die Worte des jungen Internisten in meinen Ohren nachhallten.

Er sprach in völlig unbeteiligtem Ton, als würde er von einem klinischen Fall reden, fernab von hier, und nicht von dem zehn Monate alten Baby, das ich im Arm hielt. Er hatte weder auf meinen Mann gewartet, noch hatte er mich in irgendeiner Weise auf die erschütternde Mitteilung vorbereitet, die er mir gerade gemacht hatte.

»Haben Sie dazu noch Fragen?«, wollte er wissen. Weil ich den Kopf schüttelte, fügte er hinzu: »In ein paar Tagen haben wir eine genauere Diagnose, wenn alle Untersuchungen abgeschlossen sind.«

Als er den Raum verließ, drückte ich mein Baby fest an mich und kämpfte innerlich mit der ungeheuren Tragweite dessen, was ich gerade gehört hatte. Erst am Tag zuvor waren wir in der Universitätsklinik angekommen. Mein Sohn war zur Beobachtung hier; man wollte herausfinden, warum er seinen Kopf nicht aufrecht halten konnte.

Auf dem Heimweg sprachen mein Mann und ich über die verschiedenen Möglichkeiten, wie wir als Familie trotzdem noch Dinge gemeinsam unternehmen konnten. Mit einem siebenjährigen Sohn und einer sechsjährigen Tochter war es uns wichtig, das Leben so normal wie möglich zu gestalten. Aber als wir nach Hause kamen, traf mich das Ausmaß der vor uns stehenden Herausforderung mit voller Wucht. Ich fiel auf die Knie. »Herr, ich weiß, dies ist die Wirklichkeit, der ich mich stellen muss. Aber wir brauchen deine Kraft, Gott, damit wir es schaffen, unseren Sohn großzuziehen. Hilf uns, so mit ihm umzugehen, dass er möglichst normal leben kann, und hilf ihm, unabhängig von anderen ein erfülltes Leben zu haben.«

Der Friede, der nun über mich kam, erfüllte nicht nur mein Herz und mein ganzes Sein, sondern er durchflutete das ganze Zimmer. Als ich aufstand, war ich getröstet, ermutigt und beflügelt.

Am nächsten Tag sprachen wir mit einem Arzt, den wir schon sechs Monate vorher aufgesucht hatten. Er hatte uns damals die Diagnose gegeben, Don habe seit seiner Geburt einen schweren Mangel an Muskelgewebe und eine Schwäche im Nacken. Jetzt sagte er uns, sie wüssten nicht, was mit unserem Sohn nicht stimmte. Ich war völlig überfordert.

Aber ein paar Tage später, als ich Don noch einmal zu diesem scharfsichtigen Arzt brachte, erfuhren wir Gottes Eingreifen. Nachdem er Don untersucht hatte, rief er: »Wenn dieses Kind zerebrale Kinderlähmung hat, dann verstehe ich nichts von meinem Beruf. Mir begegnen jedes Jahr mehr als 365 Patienten mit zerebraler Kinderlähmung, und über dieses Thema halte ich Vorlesungen an der Universität.«

Es sah so aus, als sei seine frühere Diagnose vom schwachen oder fehlenden Muskelgewebe zutreffend. Ich ging nach Hause und wusste ohne den geringsten Zweifel, dass Gott bei meinem Sohn sein würde und sein Aufwachsen begleiten würde.

Mein Sohn erhielt einen speziellen Stützapparat, der seinen Kopf aufrecht hielt. Ein Filzband um seine Stirn war mit einem geformten Kopfstück verbunden, das wiederum mit einem Drehgelenk an einem Metallstab befestigt war, der an seinem Rücken nach unten ging. Um seinen Bauch und die Hüften wurde der Metallstab mit Gurten gehalten. So konnte Don aufrecht stehen und seinen Kopf sicher halten, und dadurch war er in der Lage, das Laufen zu lernen.

Dies brachte zwar viele Gefahren mit sich, aber wir wussten, dass wir ihm so viel Freiheit wie möglich lassen mussten. Immer, wenn er hinfiel, rutschte sein Kopf aus dem schützenden Filzband und schlug

als Erstes auf dem Boden auf. Man zeigte mir deshalb, wie ich Anzeichen einer Gehirnerschütterung erkennen konnte, aber er holte
sich nur einige Beulen; eine Gehirnerschütterung hatte er nie und
auch keine Platzwunden am Kopf. Er lernte schnell, das Gleichgewicht zu halten, und tapste bald in der Gegend herum.

In dieser Zeit bauten wir ein Haus, das den Bedürfnissen unserer
wachsenden Familie gerecht werden sollte. Wir übernahmen einen
großen Teil der Arbeiten selbst und zogen ein, bevor das Haus fertig-
gestellt war. Ein unvollendetes Projekt war das Verlegen der Teppi-
che.

Ich staubsaugte gerade die noch unbedeckten Böden, als meine
beiden älteren Kinder nach Hause kamen.

Mein Sohn war in der ersten Klasse und meine Tochter in der
Vorschule. Don war immer noch glückselig über die ersten eigenen
Schritte und liebte es, die Runde vom Wohnzimmer zum Esszimmer,
vom Esszimmer zum Flur und dann wieder zurück zum Wohnzimmer zu wandern.

Vom Flur aus führte eine Tür zum unfertigen Kellergeschoss. Immer wieder ermahnte ich meine älteren Kinder, ja nicht dort hinun-
terzugehen oder auch nur die Tür zu öffnen. Nachdem sie nach oben
in ihre Zimmer gerannt waren, um zu spielen, überprüfte ich noch
einmal, ob die Tür zum Keller sicher geschlossen war, dann staubsaugte ich weiter.

Völlig vertieft in meine Arbeit, hörte ich plötzlich eine Stimme, so
laut, als würde jemand direkt neben mir stehen. Sie sagte: »Es ist alles
gut. Dein Sohn ist in Sicherheit.«

Ich erschrak zutiefst und schaltete zitternd den Staubsauger aus.
Dabei fiel mir auf, dass ich Don gar nicht mehr auf seiner Runde
gesehen hatte.

Mit steigender Angst eilte ich in den Flur. Die Tür zum Keller
stand offen. Mein Herz pochte, als ich über die unfertigen Holzstufen
nach unten schaute. Dort lag mein Sohn der Länge nach auf dem
Betonboden.

Ich rannte die Treppe hinunter und hob ihn auf. Er weinte leise.

Sein Kopf steckte noch sicher in der Stütze, und er hatte eine kleine Beule an der Stirn, aber keine blauen Flecken und keine Brüche.

Mir wurde bewusst, dass ich gerade ein Wunder erlebt hatte, denn Don konnte nur mit dem Kopf voraus am unteren Ende der Treppe angelangt sein. Nach ein paar Minuten hörte er auf, zu weinen, und wollte seine Rundwanderungen wieder aufnehmen.

Wir hatten keine Ahnung, wie die Tür aufgegangen war. Ich hatte sie überprüft; die beiden Größeren, die oben gespielt hatten, waren nicht heruntergekommen, und Don war sicherlich noch zu klein, um sie zu öffnen. Wollte Gott mir sagen, dass ich bei aller Vorsicht nicht in der Lage war, meinen Sohn so zu schützen, wie nur er es vermochte und auch tun würde?

Ich konnte nur demütig Gott meine Dankbarkeit zum Ausdruck bringen. Er hatte einen Engel geschickt, um mich zu beruhigen, und er hatte einen Engel geschickt, um meinen Sohn bei diesem Sturz zu bewahren. Gesehen hatte ich den Engel nicht, aber ich hatte seine Stimme gehört. Nun wusste ich, dass Gott meinen Sohn sein ganzes Leben lang beschützen würde. Diese Gewissheit würde mir in allem, was mir noch Sorge bereiten würde, Ruhe schenken.

Ein achthundert Meter breiter himmlischer Kessel

John C. Mannone

Es war ein gewöhnlicher Nachmittag im November. Wir beteten um Schutz, dann küsste ich meine Frau zum Abschied, stieg in mein einmotoriges Flugzeug und machte mich bereit für den Start. Ich wollte vom *McMinn County Airport* im ländlichen Osten von Tennessee zu meiner Arbeit im südwestlichen Michigan fliegen. Solche Reisen hatte ich schon oft gemacht.

Nach der telefonischen Bestätigung der Freigabe für den Instrumentenflug hatte ich fünfzehn Minuten Zeit, um den Motor zu starten, zur Startbahn zu rollen und meine Flugvorbereitungen zu beenden, bevor ich mich in die Luft erhob.

Der Motor klang gut, als die *Archer II* auf der Startbahn beschleunigte und aufstieg. Meine Flügel stießen durch das feuchte Dach der Haufenschichtwolken. Der Nebel dämpfte blasse Getreidespeicher, erdbraune Hügel wurden zu eintönigem Grau.

Der Motor schluckte Flugbenzin, um seinen Durst zu stillen, und die Hufe von hundertachtzig Pferden trommelten einen gleichmäßigen Rhythmus wie Mustangs in der Wildnis, an deren Mähne Wassertropfen glitzern. Aber es gab keinen Sonnenuntergang zu bewundern, sondern nur das Innere blasser Wolken und die weißen Zeiger an den schwarzen Instrumenten meines Armaturenbretts. Ich behielt die Messgeräte und Ziffernblätter immer im Blick; sie waren meine Blindenschrift in diesen Wolken, die mir jede Sicht nahmen.

Auch die Fluglotsen in den verdunkelten Räumen da unten halfen mir, zu sehen. Mit jeder Kreisbewegung ihrer Radaraugen wurde mein Bild auf ihren Bildschirmen in elektrischem Grün angezeigt. Sie beruhigten mich, dass meine Flugbahn deutlich über den hohen Kiefern verlief, die auf den Hügeln von Kentucky wachsen.

Kalte Luft wehte durch die Belüftungsschlitze meiner Kabine. In

1,8 Kilometer Höhe war es fünf Grad kälter als angekündigt, aber sieben Grad waren immer noch ein gutes Stück über dem Gefrierpunkt.

Ich war inzwischen über tausend Stunden geflogen und hatte gelernt, die Naturgesetze – Gottes Gesetze – nicht herauszufordern. Hundertmal hatte ich schon gehört: Es gibt alte Piloten, und es gibt kühne Piloten, aber es gibt nicht viele alte kühne Piloten.

Mein Flugzeug hatte keine Zulassung für Flüge bei Minusgraden; das zusätzliche Gewicht und der Verlust von Auftrieb konnten meine Flugleistung um vierzig Prozent verschlechtern. Deshalb rief ich vorsichtshalber über Funk den Flugnachrichtendienst an. Mir wurde versichert, dass nirgendwo auf meiner Route Eisbildung vorhergesagt war. Die nächste betroffene Stelle lag noch hundertsechzig Kilometer nördlich von Benton Harbor, meinem Ziel in Michigan.

Doch die Luft, schwer vor Feuchtigkeit, flüsterte etwas anderes. Tropfen prasselten auf die Flügel und tanzten auf der Windschutzscheibe aus Plexiglas. Eine Bedrohung lag in der Luft, die mich frösteln ließ.

Huntingburg in Indiana, wo ich zum Tanken haltmachen sollte, war von Wolken bedeckt, die hundertfünfzig Meter über dem Boden hingen. Es bestand so gut wie keine Sicht, und ich musste einen zweiten Anlauf nehmen, bis die Lichter der Landebahn durch die Wolkenschicht drangen und mich sicher zur Landebahn leiteten.

Das schnittige weiße Flugzeug mit den roten und blauen Streifen ruhte auf der Rollbahn aus, während ich mich nach den neuesten Entwicklungen der Wetterlage erkundigte. Ich hatte eine hundertzwölf Kilometer breite Regenschneise zu durchfliegen.

Bei Wolkenschichten bis in neun Kilometer Höhe und einer Regenfront, die sich Hunderte von Kilometern in östlicher und westlicher Richtung erstreckte, gab es keine Möglichkeit, auszuweichen. Ich musste nur besonders sorgfältig darauf achten, dass sich kein Eis am Vergaser bildete, denn ich wollte nicht, dass die Benzinzufuhr meines Motors abgewürgt wurde, weil Feuchtigkeit in der Mischkammer von Luft und Treibstoff gefror.

Deshalb traf ich die nötigen Vorbereitungen und erhitzte die angesaugte Luft, auch wenn dies auf Kosten der Leistung ging. Inzwischen flog ich auf 1,2 Kilometer Höhe. Der Motor arbeitete gut. Sein Surren durch den mittelschweren Regen war beinahe beruhigend. Aber die Lufttemperatur war jetzt wesentlich niedriger, drei Grad und fallend. Der Meteorologe hatte keinen Rat und keine Erklärung dafür.

Als die Temperatur bei nur noch einem Grad war, bat ich die Flugsicherung von Indianapolis um eine niedrigere Flughöhe. Sie erlaubten mir, auf neunhundert Meter herunterzugehen, nicht weiter – aber die Temperatur sank weiter.

0,5 Grad …

Null Grad, und die Wassertropfen wurden immer kälter.

Ich brauchte keinen Abschluss in physikalischer Chemie, um zu wissen, dass Wasser bei null Grad gefriert.

Langsam bildete sich Frost an den Flügeln, meine Windschutzscheibe vereiste. Ich konnte fast den höhnischen Ruf des Eises hören, als es seine frostigen Finger um die lebenswichtigen Metallteile meines Flugzeugs legte und die verletzlichen Tragflächen bedeckte. Diese gefrorenen Finger hätten sich genauso gut um meinen Hals legen können.

Das Eis würde bald den glatten, Auftrieb gebenden Luftstrom über den Flügeln zerstören. Meine Flügel würden in eiskalter Hoffnungslosigkeit ermüden.

Die Wolkenuntergrenze war rundherum besorgniserregend gesunken, und ich stimmte der Flugsicherung von Indianapolis zu, dass ich mich in wärmere Luft zurückziehen sollte. Doch es gab keine wärmere Luft. Eine nicht angekündigte eisige Luftschicht hatte sich über die gesamte Gegend gelegt. Das Risiko, bei einem Aufstieg – in vermutlich noch kältere Luft – weiteres Eis anzusammeln, wäre tödlich gewesen.

Auf meinem Schoß lag die Anflugkarte für den *Putnam County Airport* in Greencastle in Indiana offen vor mir. Meine Elektronik zeigte an, dass ich mich direkt darüber befand. Wenn mich nur meine Verbündeten aus dem Weltall – die Navigationssatelliten – an diesen sicheren Ort unter dem Schneeregen leiten könnten! Ich unterdrückte den vorübergehenden Impuls, mich durch die düsteren Wolken nach unten fallen zu lassen. Denn das wäre töricht gewesen. Stattdessen meldete ich einen Notfall-Blindflug zum Flughafen an und folgte den dafür vorgesehenen Vorschriften. Indianapolis gab mir die Daten für den Anflugkurs durch. Meine Gyroskope kreisten umher, als wären sie auf der Suche nach Ordnung. Schließlich konnte ich das VOR-Signal empfangen, das Signal eines elektronischen Funkfeuers, dem ich zum Flughafen folgen konnte. Ich war dreißig Kilometer entfernt, und es sammelte sich ständig mehr Eis am Flugzeug an.

Da ich jetzt auf Anflugkurs war, fuhr ich meine Landeklappen aus. Sie knackten wie gefrorene Federn. Angestrengt versuchte ich, durch das verwaschene Weiß etwas zu erkennen, aber es gab nirgends auch nur einen Hinweis auf sicheren Grund. Ich war immer noch in den Wolken, aber tiefer konnte ich nicht fliegen. Unerbittlich würden bald hohe Türme vor mir auftauchen – Hügel mit Eichen aus hartem Holz.

Die Anzeige an meinen Armaturen, die die Entfernung angab, leuchtete rot. Ihre Lämpchen verhöhnten mich, als ich jedes Zehntel eines Kilometers bis zu dem Punkt zählte, an dem ich durchstarten müsste, wenn ich bis dahin die Landebahn nicht sehen würde. Statt sicher zu landen, müsste ich dann wieder in den tückischen Himmel aufsteigen. Mit fast sechzig Metern pro Sekunde raste ich auf diesen Punkt zu.

Ich wollte nicht darüber nachdenken, dass dies mein letzter Flug sein könnte, aber meine Knöchel wurden weiß, so fest umklammerte ich das Steuer. Kurz leuchtete das Gesicht meiner Frau vor mir auf und ermutigte mich, alles zu geben.

Die Dinge passierten zu schnell für ein Gebet, aber ich betete trotzdem, zwischen meinen Herzschlägen. Wie um mich zum Narren zu halten, ließ sich ab und zu für einen flüchtigen Augenblick der Boden erkennen.

Als die letzten hundert Meter auf der Anzeige verstrichen, bewegte sich meine Hand zum Gashebel und drückte ihn nach vorn, um durchzustarten. Ein vergeblicher Aufstieg, ich wusste es in meinem eisigen Sarg; meine Tränen waren schon in ihrer Spur gefroren. Doch in diesem letzten Augenblick musste mein Gebet den Nebel hoch genug über meinen Flugzeugrumpf gehoben haben, um den Blick auf die betonierte Landebahn vor mir freizugeben, wenn auch nur für einen Augenblick.

Als ich zur Landung herabschoss, rasten die Wolken wild und bedrohlich umher. Um mich herum gab es nichts als Grau, aber dann war ich gerettet. Meine Räder berührten den Boden und rollten ruhig aus. Ich konnte mein Gebet beenden.

Noch viele Minuten blieb ich im geparkten Flugzeug sitzen, schwitzend und betend, bevor ich von Bord ging. Ich erfuhr vom Flughafendirektor, dass die Flugsicherung von Indianapolis beim *Putnam County Airport* angerufen und auf meine Situation aufmerksam gemacht hatte. Sie hatten sie aufgefordert, Notfallfahrzeuge bereitzuhalten, weil sie nicht geglaubt hatten, dass ich es schaffen würde.

Als der Direktor gehört hatte, wie ich meine Position über Funk durchgab, hatte er eine neunzig Meter hohe Wolkenschicht beobachtet, die sich schnell fortbewegte und im Begriff stand, den Flughafen einzuhüllen. Die Minimalanforderung für diesen Anflug lag bei hundertsiebenundsechzig Meter Sichtweite.

»Er wird es nicht schaffen!«, hatte er gesagt.

Aber mein Gott hatte mich bewahrt. Er hatte bis zum letzten Moment mit seiner Hilfe gewartet, um zu zeigen, was ihm wichtig war – das Vertrauen zu ihm.

Und ich hatte ihm vertraut.

Tage später, als mein Verstand klar war, analysierte ich die Einzelheiten des Wetters.

Ich habe keinen Zweifel, dass Gott auf wundersame Weise einen achthundert Meter breiten Kessel – ein freies Feld ohne Wolken – entstehen ließ, nur über dem Flughafen zum Zeitpunkt meiner Ankunft, kaum lang genug, damit ich in Sicherheit landen konnte, und im Widerspruch zu den vorherrschenden und sich entwickelnden Wetterbedingungen.

Er sagte mir damit: »Erkenne, dass ich Gott bin.« Damals war ich erst seit einem Jahr Christ, aber dieses Erlebnis stärkte meinen Glauben sehr.

Vertrau nicht auf Bogen, Schwert oder Metalltür

Sheryl K. Jones

Krach!

Augenblicklich war ich hellwach, herausgerissen aus dem Tiefschlaf.

Ich hörte das aufgeregte Bellen unserer Hunde im Garten.

»Was ist los?«, fragte ich meinen Mann und schaute auf den Wecker; es war nach elf in unserem kleinen Dorf Belo in Kamerun.

Randy hatte sich bereits angezogen. »Keine Ahnung. Ich schau nach.«

Während Randy eine Taschenlampe anmachte, setzte ich mich im Bett auf. Ein gleichmäßiger Lichtstrahl durchschnitt die Dunkelheit, als Randy zum Wohnzimmer ging. Die Nacht war warm, aber ich zitterte.

»Der Strom ist ausgefallen.« Randys Stimme hallte durch den langen Flur.

»Hast du die Tür überprüft? Ist sie abgeschlossen?« Schnell sprang ich aus dem Bett und schnappte mir meinen Morgenmantel. Ich versuchte, leise zu sprechen, um die Kinder nicht zu wecken. Mein Herz pochte, und meine Hände zitterten, als ich mich ungeschickt abmühte, den Gürtel zu einer Schleife zu binden.

Es war Januar – die Festlichkeiten zum Beginn des neuen Jahres waren gerade vorbei – und Trockenzeit.

Da wir schon seit einigen Jahren als Missionare an diesem Ort lebten, wussten wir, was diese Kombination bedeutete: Es war die perfekte Zeit für Einbrecher. Sie kamen auf den trockenen Straßen schnell voran und konnten Unheil anrichten und fliehen, ohne gefasst zu werden.

Meine Gedanken waren ganz darauf gerichtet, ob unsere Eingangstür aus Metall ordentlich gesichert war.

Ist der Bolzen fest an seinem Platz im Betonboden eingedrückt?, überlegte ich. Unsere Fenster waren vergittert, aber die Eingangstür musste mit einem großen Bolzen zugemacht werden.

»Sie ist gesichert«, rief Randy zurück. »Aber unsere Sicherheitsleuchte ist aus. Alles ist aus.«

»Bist du ganz sicher, dass der Bolzen nach unten gedrückt ist?«, fragte ich besorgt nach.

»Ja, ich …«

»Nicht schießen«, murmelte eine Stimme von draußen.

Randy rannte zu unserem Schlafzimmer zurück.

»Schnell«, sagte er keuchend. »Es sind Einbrecher. Sie könnten bewaffnet sein.«

Eiskalte Angst erfasste mich.

»Zieh dich an. Schnell!«, wies Randy mich an. »Geh ins Kinderzimmer, und schließ die Tür hinter dir ab, bis ich dir sage, was ihr tun sollt.«

Ich zog mir ein T-Shirt über den Kopf, sauste ins Kinderzimmer und schloss die Tür hinter mir zu.

Taschenlampe vergessen, ärgerte ich mich über mich selbst und setzte mich leise auf die Bettkante der Mädchen.

Randy fing an, aus jedem Fenster zu schreien. Er ging von Zimmer zu Zimmer und schrie zuerst auf Englisch und dann in der Sprache der Einheimischen um Hilfe. Unsere Hunde kläfften weiterhin hinter dem Zaun. Dadurch sorgten sie dafür, dass die Eindringlinge auf der Vorderseite des Hauses blieben, wo die Metalltür uns mehr Sicherheit gab.

Als Randy immer weiter um Hilfe rief, schwand meine Hoffnung. Minuten kamen mir vor wie Stunden, die Nachbarn regten sich nicht.

Dann hörte ich, wie die Hintertür geöffnet wurde. Mein Herzschlag setzte einen Moment lang aus. Das Warngebell der Hunde hörte auf. Ich umklammerte die Bettkante und hielt die Luft an.

Ich hörte, wie zuerst die Fliegengittertür und dann die Hintertür wieder mit einem leisen Quietschen aufgingen, und kurz darauf vernahm ich Geräusche von Krallen auf dem Betonboden. Randy musste einen der Hunde hereingeholt haben, denn ich hörte, wie er Anweisungen flüsterte. Das war eine gute Idee. Kameruner hatten Angst vor Hunden, so konnte es sein, dass ein Hund im Haus die Angreifer vielleicht fernhielt.

Angespannt wartete ich darauf, dass ein warnendes Bellen ausbrach, aber das Haus blieb still. Draußen fing der andere Hund wieder an, zu bellen, und Randy ermutigte den Hund im Haus, das Gleiche zu tun.

»Komm schon, Ingelina, bell doch endlich. Du kannst ... O nein!« Ich sprang auf die Füße. »Was ist passiert?«

»Ich bin gerade in eine Pfütze getreten.«

»Eine Pfütze?«

»Ja, vom Hund.«

»O nein«, erwiderte ich. Glücklicherweise schliefen die Kinder immer noch.

»Ingelina will nicht bellen.« Randy klang enttäuscht. »Ich lasse sie wieder raus.«

»Sei vorsichtig«, warnte ich ihn.

Das Quietschen einer Tür war zu hören, das Geräusch von Hundekrallen und dann draußen das Gebell von beiden Hunden. Danach fiel die Tür mit einem Klicken wieder ins Schloss.

Ich lehnte mich an die Tür des Kinderzimmers und fühlte mich wie ein Reifen, aus dem gerade die ganze Luft herausgelassen worden war. Kälte kroch ins Zimmer, aber ich kämpfte gegen die aufsteigende Panik an. Wie mein Mann entschloss ich mich, zu hoffen, dass Hilfe auf dem Weg war.

Courtney, unsere Neunjährige, bewegte sich. Um der Kinder willen beschloss ich, stark zu sein, kehrte mit weichen Knien zum Bett zurück und wartete.

Randy kam zur Tür.

»Niemand reagiert. Ich habe da draußen einige Stimmen gehört.«

»Sie wollen Geld«, sagte ich und versuchte, nicht zu weinen.

»Wir haben nicht einmal vierzig Dollar.«

»Sie werden uns gewiss nicht glauben.«

»Ich weiß.«

»Was machen wir jetzt?«

»Weck die Mädchen auf, sie sollen sich Schuhe anziehen«, sagte Randy. »Verhaltet euch still, es kann sein, dass wir fliehen müssen. Gott wird uns beistehen.«

Ich stimmte ihm zu. Seine zuversichtlichen Worte beruhigten mich.

Als ich Courtney und ihre jüngere Schwester Jessica weckte, hörte ich, wie Randy wieder seine Runden machte und von Zimmer zu Zimmer aus dem Fenster schrie.

Den kleinen Christopher ließ ich in seiner Wiege schlafen, Courtney und Jessica wies ich an, sich anzuziehen. Um alle Fragen im Keim zu ersticken, schilderte ich ihnen flüsternd, was los war, und half ihnen beim Anziehen. Ich hoffte, sie würden meine unsichere Stimme und meine zitternden Hände nicht bemerken.

Die Mädchen blieben ruhig. Sie setzten sich links und rechts neben mich aufs Bett und warteten auf die nächsten Anweisungen ihres Vaters. Unsere Töchter vertrauten uns. Jetzt war es für mich an der Zeit, dem himmlischen Vater zu vertrauen.

Plötzlich hörte ich Randy an der Kinderzimmertür. Rasch sprang ich auf und drückte ein Ohr an die Tür.

»Wir müssen hier raus«, sagte er. »Sie haben gerade Giftgas in eines der Zimmer geworfen, und ich höre sie auf dem Dach. Sie versuchen, von dort einzudringen.«

»Also gut, sag mir, was wir tun sollen.« Ich schluckte und unterdrückte die Tränen. Bis jetzt hatte Gott uns beschützt. Den Dieben war es nicht gelungen, durch ein Fenster oder durch die Metalltür ins Haus zu kommen, aber es wäre mir nicht im Traum eingefallen, dass sie es über das Blechdach versuchen würden. Mein Herz klopfte laut vor Angst.

»Ich rufe noch einmal um Hilfe. Aber wenn ich zurückkomme, müsst ihr bereit sein, mit mir durch die Hintertür zum Zaun zu rennen. Die Mädchen können hinüberklettern, und wenn du auf der anderen Seite bist, hebe ich dir Christopher hinüber. Wir müssen laufen, so schnell wir können. Das ganze Dorf ist ruhig, es sieht aus, als wäre niemand da. Ich verstehe das nicht.«

»Gut, wir sind bereit.«

Ich drehte mich um.

»Wenn Papa zurückkommt«, flüsterte ich den Mädchen zu, »müssen wir nach draußen rennen und über den Zaun klettern.«

»Okay, Mami«, antworteten sie leise.

Über einen Zaun klettern?, zweifelte ich. *Mit zwei kleinen Kindern? Wie soll das gehen?*

Im selben Augenblick fiel mir der Psalmvers ein: *Mit dir überwinde ich jede Mauer* (Psalm 18,30).

Ja, Gott würde uns helfen.

»Kinder, jetzt müssen wir beten.« Wir senkten die Köpfe und beteten. Unsere Hilfe würde vom Herrn kommen, von ihm allein. Ich dachte an Psalm 44,7-8: *Ich verlasse mich nicht auf meinen Bogen und vertraue nicht auf mein Schwert, dass es mir hilft. Du bist es, der uns den Sieg über unsere Feinde schenkt.*

Nach dem Gebet warteten wir. Das Bellen der Hunde wurde immer wieder unterbrochen, Randys Stimme verlor sich in der Nachtluft. Jeden Moment würde Randy zur Tür kommen und uns das Zeichen zur Flucht geben. Neue Kraft durchströmte mich; nun fühlte ich mich für dieses Abenteuer bereit. Gott war unser Helfer.

Wir warteten weiter. Schließlich klopfte es an der Tür. Unser Signal. Ich entriegelte das Schloss, und Randy drückte die Tür auf. Der durchdringende Geruch des Giftgases drang ins Zimmer.

»Wir müssen nicht wegrennen. Sie sind fort.«

»Was?«

»Ich habe alles geprüft. Kein Geräusch mehr weit und breit. Afu und Igelina bellen nicht mehr. Kein Geräusch mehr auf dem Dach oder am Fenster. Sie sind einfach weggegangen. Irgendetwas hat sie verjagt …«

Randy drehte sich auf dem Absatz um und schwenkte das Licht der Taschenlampe den Flur entlang zur Metalltür.

»Keine Angst!« Wir hörten eine bekannte Stimme durch ein Fenster an der Vorderseite. Es war unser Nachbar Steven. »Ich habe gerade einige Männer von eurem Haus wegrennen sehen. Ist alles in Ordnung bei euch?«

Die Mädchen und ich folgten Randy aus dem Zimmer. Als wir das Wohnzimmer betraten, schaute ich zu, wie mein Mann die große Metalltür aufschloss und ihre beiden Flügel aufzog.

»Oho!«, schrie er.

Unser Nachbar kam ins Haus.

»Sieh her«, sagte mein Mann und deutete auf die untere Seite der Tür. »Ich hab den Bolzen nicht herausgezogen, aber das hat gar keine Rolle gespielt. Das Loch für den Bolzen ist so flach, dass die Tür niemals gesichert war. Die Einbrecher hätten sie einfach aufdrücken können. Wir dachten, sie wäre stark, aber diese Tür stellt sich als unsere größte Schwachstelle heraus.«

Randy und ich lachten vor Erleichterung. Wir hatten auf eine Metalltür vertraut, die sich jetzt als nutzlos erwies. Wir hatten auf einen Hund vertraut, der nicht auf Befehl bellte. Und wir hatten auf unsere Nachbarn gehofft, die an diesem Abend alle zu einer Beerdigung gegangen waren, wie wir von Steven erfuhren.

Meine Gedanken flogen zurück zu dem Augenblick, als die Mädchen und ich gebetet hatten. Von den Nachbarn oder von einer Metalltür war keine Hilfe gekommen, sondern vom Herrn. Kein Bogen, kein Schwert und keine Metalltür können uns vor unseren Feinden schützen, nur der Herr hat die Macht, uns zu retten. An diese Lektion dachte ich während unserer Zeit in Kamerun noch viele Male zurück.

Eine Stimme vom Himmel

Monica Cane

Es war Morgen, und ich war wach, aber ich fand es in meinem Bett noch zu gemütlich zum Aufstehen. Stattdessen lag ich zusammengerollt unter meiner kuscheligen Decke, die bauschigen Kissen um mich herum verteilt.

Ich hielt die Augen geschlossen und lauschte den Geräuschen des Morgens: dem gurgelnden Kaffee in der Kaffeemaschine, den zwitschernden Vögeln draußen vor dem Fenster und dem ratschenden Ton, mit dem mein Mann den Reißverschluss seiner Reisetasche schloss. Er machte sich also bald auf den Weg zur Arbeit.

Dass ich hier so warm unter der Decke lag, während er mit kaltem Wetter und dichtem Verkehr kämpfen musste, um zur Arbeit zu gelangen, machte mir fast ein schlechtes Gewissen.

Aber anstatt mir wirklich Gewissensbisse zu machen, zog ich mir doch lieber die Decke über den Kopf, wackelte mit den Fingern und Zehen, blieb noch eine Weile liegen und hörte auf die morgendlichen Laute.

Ich hörte, wie mein Mann mit nackten Füßen in der Küche herumschlurfte, hörte, wie seine Hosenbeine aneinanderrieben, als er durch den Flur zurück ins Schlafzimmer kam, und hörte, wie er alles zusammensuchte, was er für den Tag brauchte. Ich hörte das Klicken des Lichtschalters im Bad und das Knarren der Tür beim Öffnen und Schließen. Ich erkannte das Plumpsen, als er sich auf einen Stuhl fallen ließ, um seine Socken und Schuhe anzuziehen, und wusste, dass er immer noch nach besten Kräften versuchte, wach zu werden und sich auf den Tag einzustellen.

Mit geschlossenen Augen konnte ich nicht nur die einzelnen Geräusche hören, sondern konnte mir auch jede Einzelheit seiner morgendlichen Routine genau vorstellen. Die Bilder in meinem Kopf und die dazugehörigen Töne waren für mich tröstlich.

Ein paar Minuten später verklangen die Geräusche meines Mannes. Jetzt war er vermutlich in seinem Ablauf an dem Punkt angekommen, wo er im Wohnzimmer saß, Kaffee trank und sich in den Sportkanälen informierte, was während seines nächtlichen Schlafs Wichtiges passiert war.

Die Augen immer noch geschlossen und die Decke behaglich übers Gesicht gezogen, hörte ich auf einmal andere Töne.

Was war das?

Es klang nicht wie einer der zahllosen Sportsender, zwischen denen mein Mann manchmal vor der Arbeit noch schnell hin und her zappte. Es war ein vollkommen anderer Klang und schien direkt in meiner Nähe zu sein.

Das Geräusch war leise und gedämpft. Die einzelnen Worte konnte ich zwar nicht verstehen, aber ich konnte ganz klar hören, dass jemand sprach. Je mehr ich hinhörte, desto mehr klang es wie ein Gebet, das offensichtlich von der linken Seite des Bettes kam.

Diese Feststellung machte mich gelassen, denn wahrscheinlich war mein Mann ins Schlafzimmer zurückgekehrt, hatte sich vors Bett gekniet und betete gerade für die Familie, für sich selbst und für den vor ihm liegenden Tag. Ich wartete eine Weile still und wusste nicht, ob ich meine Augen öffnen und ihm zeigen sollte, dass ich wach war.

Allem Anschein nach war diese Gebetszeit etwas ganz Besonderes, deshalb wollte ich meinen Mann nicht unterbrechen und beschloss, nur unter der Decke hervor einen kurzen Blick auf ihn zu werfen. Leise drehte ich den Kopf zur linken Seite des Bettes, wo ich das Beten hörte, und hob vorsichtig eine Ecke der Bettdecke hoch. Ich öffnete die Augen einen Spalt und war mir ganz sicher, ich würde meinen Mann sehen, wie er leise mit gebeugtem Kopf machtvolle Gebete sprach.

Er war nicht da.

Ich riss die Augen auf und warf den Kopf nach rechts, um zu sehen, ob ich vielleicht nicht gehört hatte, wie er sich von den Knien erhoben hatte.

Es war niemand da!

Ich schnappte mir meine Brille vom Nachttisch und setzte sie auf. Vielleicht ging mein Mann gerade aus dem Zimmer, und ich erhaschte noch einen Blick auf ihn. Aber da war er auch nicht. Wo war er hingegangen? War er bereits auf dem Weg zur Arbeit? Warum hatte ich nicht gehört, wie die Tür zufiel? Wann hatte er aufgehört, zu beten? Er war es doch gewesen, der gebetet hatte, oder?

Es musste doch eine einleuchtende Erklärung geben, warum ich nicht mitbekommen hatte, dass mein Mann weggegangen war. Und eine Erklärung für das gedämpfte Beten, das ich gehört hatte.

Wahrscheinlich gab es nur eine zuverlässige Quelle, die die morgendliche Begebenheit deuten konnte. Dahin wollte ich mich wenden. Ich rief zu Gott im Gebet, doch noch bevor ich meine Frage richtig stellen konnte, wurde ich von einer klaren, eindeutigen Antwort überwältigt: *Der Geist tritt für die Heiligen ein.*

Ein Schauder lief mir über den Rücken, als ich darüber nachdachte, dass es womöglich nicht mein Mann gewesen war, der neben dem Bett gebetet hatte, sondern der Geist des lebendigen Gottes, der für uns Fürbitte gehalten hatte, so, wie es die Bibel sagt.

Als mein Mann am Abend von der Arbeit nach Hause kam, bestätigte er mir, dass er am Morgen nicht am Bett gebetet hatte. Ich konnte es nicht glauben und versuchte immer noch, eine Erklärung zu finden für das Beten, das ich gehört hatte.

Es ist eine Sache, Gottes Wort zu lesen und daran zu glauben, aber es ist etwas völlig anderes, es auf übernatürliche Weise selbst zu erfahren.

Beim Nachdenken über diese Dinge wurde ich wieder von der Offenbarung in Römer 8,27 gepackt: *Denn der Geist bittet für die, die zu Gott gehören.*

Als Frau, die an Christus glaubt, hätte ich vermutlich nicht so überrascht sein dürfen, aber ich war es trotzdem und bin es immer noch.

An jenem Morgen, als ich noch keine Lust zum Aufstehen gehabt hatte, hatte ich auf die Geräusche um mich herum gehört – die meines Mannes, der sich auf seine Arbeit vorbereitet hatte, und die vielen anderen Töne in meinem Haushalt.

Und mitten in diese Alltagsklänge hinein hatte Gott mir eine Wahrheit offenbart, die ich bis zu diesem Morgen gar nicht beachtet hatte: Es gibt ein wichtiges und doch ungehörtes Geräusch, das jeden Tag und zu allen Zeiten um die Gläubigen herum ertönt. Es ist der Klang des Geistes, der für Ihre und für meine Bedürfnisse eintritt.

Heilige Elektrizität

Delores E. Topliff

Als mein Sohn Andrew drei Jahre alt war, erfuhren wir durch eine ärztliche Routineuntersuchung, dass er ein Herzgeräusch hatte. Unser Arzt riet uns, wir sollten uns keine Sorgen machen, da viele Kinder solche Beschwerden hätten, aber man müsste es im Auge behalten. Andrew war unser bezaubernder, stämmiger Erstgeborener mit dunklen Löckchen. Wie konnte mit diesem wunderbar kräftigen Körper etwas nicht stimmen?

Der Befund war für uns wie eine dunkle Wolke am Horizont. In meiner Verwandtschaft hatte es schon schwere Herzkrankheiten gegeben; der kleine Bruder meiner Mutter war mit sechs Monaten an einem Herzfehler gestorben, und ich hatte eine angeborene Herzrhythmusstörung und dadurch schon etliche Herzschrittmacher bekommen.

Als ich an diesem Tag nach Hause fuhr, nahm ich meine Welt wie in Zeitlupe wahr. Andrew spielte mit dem niedlichen Hundebaby unseres Nachbarn im Wohnzimmer, ich nahm die Bügelwäsche in Angriff. Ich suchte einen Klassiksender im Radio. Neben der Musik schrie ich innerlich zu Gott: »Bitte, lass das nicht wahr sein. Aber wenn es so ist, dann hilf uns, es durchzustehen.«

Plötzlich hörte ich ganz bewusst, was im Radio gespielt wurde. Bisher hatte ich mir nicht viel aus Bach gemacht. Aber als ich mit dem Bügeleisen in großen Bögen über die Hemden meines Mannes fuhr, wurde auf einmal Bachs *Viertes Brandenburgisches Konzert* Gottes Verheißung für mich. Das wiederkehrende majestätische Thema erinnerte mich an den unerschütterlichen Schlag von Gottes Herz. Die Musik durchströmte mich. Ich spürte die Zusicherung, dass Gottes eigenes Herz dafür sorgen würde, dass auch Andrews Herz weiterschlagen würde.

Außer Andrews Gesundheit hatte ich weitere Sorgen. Mein Mann kündigte seine Stelle als Lehrer, weil die Belastung für ihn zu groß war. Er wollte, dass ich mit unseren beiden Söhnen in meine Heimatstadt zurückkehrte, damit er sich Gedanken über seine Zukunft machen konnte.

Sämtliche Alternativen, die ich vorschlug, lehnte er ab, und so packte ich schließlich das Auto. Innerhalb eines Monats fand ich eine gute Stelle und einen zuverlässigen Babysitter. Bald wurde es wieder Zeit für Andrews jährliche Kontrolluntersuchung. Ein Arzt untersuchte ihn, Krankenschwestern bereiteten ihn für ein EKG vor. »Man spürt das Herzgeräusch von außen«, hörte ich eine Schwester sagen.

Nach dem EKG verkündeten mir die Ärzte die ernste Diagnose: Andrew hatte einen *persistierenden Ductus arteriosus*, kurz PDA, das heißt, eine Öffnung zwischen der Aorta und der Lungenarterie, die sich normalerweise bei der Geburt schließt. Wenn nicht, kann es sein, dass dieses Leiden unentdeckt bleibt, bis ein scheinbar gesundes Kind bei einer normalen Beschäftigung plötzlich tot umfällt.

Wenn man Andrew nicht operiere, so wurde gesagt, werde er unter Umständen nicht älter als zwölf Jahre.

Für weitere Untersuchungen wurde ein Termin in einem Kinderkrankenhaus vereinbart, aber es gab dort eine dreimonatige Warteliste.

Vom Arzttermin machten wir uns direkt zur Kirche auf. Zwei Wochen vorher hatte Gott mich angestoßen, einen Bibelkreis zu besuchen, der sich mittwochabends in der Gemeinde einer Freundin traf. Die Gruppe beschäftigte sich mit Heilung und mit dem Heiligen Geist. Ich war froh, dass die Veranstaltung gerade an diesem Abend stattfand. Ich brauchte Gottes Hilfe.

Als ich die Jungen bei der Kinderbetreuung abgegeben hatte und in den Gesprächsraum kam, war meine Freundin noch nicht da, und ich kannte sonst niemanden. Ich ließ mich auf eine Bank sinken. Wahrscheinlich konnte man es mir vom Gesicht ablesen, wie verstört ich war, denn eine Frau kam her und fragte: »Geht es Ihnen gut? Sie sind ja kreidebleich. Wie können wir Ihnen helfen?«

Nach meiner Schilderung der medizinischen Diagnose erkundigte sie sich, ob es mir recht wäre, wenn sie für Andrew beteten; einige von ihnen hätten gerade ein Seminar über heilendes Gebet besucht. »Natürlich«, erwiderte ich.

Ich glaubte zwar daran, dass Gott heilen *konnte*, dachte aber, man müsste gut genug sein, um sich das zu verdienen. Und wie sollte irgendjemand gut genug dafür sein?

Da ich jedoch meine neuen Freunde nicht kränken wollte, stimmte ich dem Gebet zu und holte Andrew aus der Kinderbetreuung. Damit er keine Angst bekam, setzte ich ihn auf meinen Schoß, dann beteten sie für uns beide.

Ich spürte zunächst nichts, aber ich war dankbar dafür, dass alle offensichtlich so viel Anteil nahmen. Sie liehen mir eine ganze Tüte voller Bücher über Heilung und den Heiligen Geist.

In den nächsten drei Monaten nahm das Leben mit meiner kleinen Familie seinen geregelten Gang. Ich arbeitete, kümmerte mich um die Kinder, betete viel und freute mich auf das Treffen zum Bibelstudium am Mittwochabend. Ich wagte langsam, zu hoffen, dass Gott etwas tun könnte, obwohl ich immer noch dachte, ich hätte es nicht verdient. Jeden Abend, wenn die Kinder eingeschlafen waren, legte ich meine Hände auf Andrews Brust und betete. Jedes Mal, wenn ich das tat, spürte ich sein Herzgeräusch. Und jedes Mal weinte ich.

Dann las ich eins der ausgeliehenen Bücher von Agnes Sanford. Sie schreibt darin, dass Gottes Antworten nicht auf unserem Verdienst beruhen, sondern auf seiner Macht und seinen unveränderlichen Prinzipien. Er erhört Gebet, weil *er* gut ist, nicht wir. Sanford vergleicht die göttliche Macht mit der Elektrizität: In unseren Häusern sind die Kabel für den Strom gelegt, aber wenn wir erst verstehen wollen, wie Schaltkreise, Stromstärke, Wattleistung und Spannung funktionieren, bevor wir den Lichtschalter drücken, bleiben wir womöglich im Dunkeln.

Sie fügt hinzu, dass wir uns vergegenwärtigen sollen, wie Gottes Liebe zu dem Menschen kommt, der Heilung braucht, und dort alles

Kaputte und Unvollständige in Ordnung bringt. Sosehr ich meinen Sohn auch liebe, verstand ich doch allmählich, dass Gott ihn noch viel mehr liebt. Das brachte mich dazu, meine Ängste und Zweifel aufzugeben.

In jener Nacht legte ich meine Hände wieder auf Andrews Brust, betete aber anders als vorher. Ich dankte Gott für seine vollkommene Liebe, die nicht zulässt, dass ihr etwas Unvollkommenes im Weg steht.

Dann erlebte ich etwas, wovon bisher niemand gesprochen hatte. Starke Wellen pulsierender Energie flossen wie warme Elektrizitätsströme vom Raum aus durch meine Hände und in meinen Sohn hinein. Dies dauerte fünf Minuten, bis Andrew seufzte, sich umdrehte und tiefer weiterschlief.

Am Abend vor dem Krankenhaustermin meines Sohnes musste ich bis zwei Uhr nachts arbeiten. Entsprechend erschöpft kam ich morgens um acht Uhr mit Andrew in der Universitätsklinik an, wo erneute Untersuchungen und ein anschließendes Gespräch mit einem Team von neun Ärzten auf uns warteten.

Abgesehen von den Untersuchungen und einer dreißigminütigen Mittagspause, verbrachten wir den ganzen Tag im Wartezimmer. Eine Atmosphäre von Traurigkeit herrschte in dem Raum, wo Eltern stundenlang mit ihren kranken Kindern saßen, Kindern in allen Stadien der Herzerkrankung, manche mit bläulich verfärbter, andere mit fahler Haut. Sie alle wurden in dieser Klinik untersucht. Gegen fünf Uhr gehörte ich zu den ersten Eltern, die zur Besprechung gerufen wurden.

Neun Ärzte saßen um den langen Konferenztisch, Andrews medizinische Berichte vor sich ausgebreitet.

»Mrs Topliff, wir können uns das nicht erklären«, begann ein Arzt. »Ihre Internisten und das EKG vom Juni wiesen auf klinischen *persistierenden Ductus arteriosus* hin. Wir könnten annehmen, dass das Testgerät an diesem Tag fehlerhaft war, doch die Notizen der Krankenschwestern bestätigen den Befund durch äußere Untersuchungen; sie konnten das Herzgeräusch spüren. Heute ist Ihr Sohn allerdings im normalen Bereich. Wir sehen lediglich eine leichte Herzklappenverengung, aber das wächst sich aus.«

Erschöpft und daran gewöhnt, mit Schwierigkeiten konfrontiert zu werden, konnte ich diese Worte nicht einordnen.

»Wie muss ich Andrew körperlich schonen? Welche weiteren Einschränkungen sind notwendig?«, fragte ich.

»Keine«, antworteten sie im Chor.

»Wann soll er wieder untersucht werden?«

»Es sind nur noch die jährlichen Kontrolluntersuchungen nötig.« Da ich offensichtlich nichts kapierte, beugte sich ein weiterer Arzt vor und lächelte. »Mrs Topliff, Andrew hatte dieses Leiden, aber jetzt ist es nicht mehr da. Es ist keine Operation erforderlich. Ihr Sohn ist im Normalbereich.«

Ich verstand es immer noch nicht ganz, dankte aber den Ärzten und verließ den Raum, als die nächsten angsterfüllten Eltern eintraten. Nach der langen Anspannung war ich völlig aufgelöst und hielt meinen kleinen Sohn auf dem Weg zum Auto an der Hand.

Andrew war ein ganz gewöhnlicher Vierjähriger, der Stöcke, Steine, Frösche und schmutzige Pfützen liebte. Abgesehen davon, dass er oft in voller Lautstärke »Jesus liebt mich ganz gewiss« sang, tat er normalerweise nichts Geistliches. Aber jetzt zog er an meiner Hand und zeigte auf das Dach des zwölfstöckigen Parkhauses. »Mama, warum ist da oben auf dem Gebäude ein Engel?«

»Was? Wo?« Ein kalter Schauder lief mir über den Rücken, als ich den Kopf hob.

»Dort, Mami. Oben auf dem Gebäude. Und er lächelt uns an.«

Ich war völlig überwältigt und konnte nur noch weinen.

»Warum dort oben ein Engel ist und uns anlächelt, weiß ich nicht«, sagte ich. »Aber ich weiß, dass Gott uns heute geholfen hat.«

Dieses Wunder veränderte unser Leben.

Andrew merkte dadurch, dass Gott sich persönlich um ihn kümmert; er erinnert sich heute noch an den Engel.

Mir zeigte das Wunder, dass Gott allen helfen will, und Müttern, die Kinder aufziehen, vielleicht ganz besonders. Aber es spornte mich auch an, noch mehr von Gott entdecken zu wollen. Wenn er uns vergibt, ohne dass wir es verdienen, wenn er uns rettet und uns heilt, was für andere Geschenke hält er dann noch für uns bereit?

Auf unserem Weg mit ihm ermutigt er uns immer wieder. Es ist ihm wichtig, uns mehr von sich zu offenbaren, wenn er Gebete erhört. Und hinter der nächsten Ecke warten schon andere Abenteuer auf uns.

Danksagung

Kyle Duncan, der jetzt für den Verlag *Scriptorium* arbeitet, möchte ich für die ursprüngliche Idee zu dieser Buchreihe danken. Ein großes Lob geht an Andy McGuire für die Begeisterung und Ermutigung, mit der er dieses Projekt auf den Weg gebracht hat. Ellen Chalifoux danke ich für die gelungene sprachliche Bearbeitung und Carissa Maki und Brett Benson für alle Unterstützung im Hintergrund. Und schließlich geht mein Dank an meinen Freund Tim Peterson, der mich als Autor von *Bethany House* stets unterstützt.

Die Autoren

Marlene Anderson ist eine amtlich zugelassene Beraterin für psychische Gesundheit und Verfasserin des Buches *A Love So Great, A Grief So Deep.* Sie ist eine Referentin, die im Klinik- und Ausbildungsbereich gearbeitet hat, und ist Mitglied des Schriftstellerverbandes *Northwest Christian Writers Association and Speakers Bureau.*

James Stuart Bell ist Eigentümer der Literaturagentur *Whitestone Communications* und hat außer dem vorliegenden Buch noch mehr als dreißig weitere herausgegeben.

Timothy J. Burt ist praktizierender Therapeut im Bereich der christlichen Seelsorge und stammt aus Easton in Pennsylvania. Er hat große Freude an seinen drei erwachsenen Kindern und den vier Enkelkindern.

Monica Cane ist freiberufliche Schriftstellerin und Gründerin des Werks *A Breath of Inspiration Ministry.* Zu ihren Büchern gehören *A Journey to Healing: Life After SIDS; A Breath of Inspiration; CJ's Peace: The Prodigal's Progress* und *The Lost Coin.* Sie lebt in Nordkalifornien.

Betty Johnson Dalrymple, Verfasserin von Andachten und persönlichen Erfahrungsberichten, hat schon Beiträge für zahlreiche geistliche Bücher verfasst. Sie arbeitet bei Bibelstudiengruppen mit, spielt Golf und genießt gern die Zeit mit ihrem Mann Bob und ihrer großen Patchworkfamilie.

Sally Edwards Danley lebt in Kansas City, wo sie Schriftsteller unterstützt und an Gebets- sowie an Wiederherstellungs- und Heilungsdiensten beteiligt ist. Sie schreibt gern Andachten und persönliche Erfahrungsberichte für Erzählbände.

Scoti Springfield Domeij ist eine *Gold Star*-Mutter. (*Gold Star Mothers* ist in den USA eine Organisation von Müttern, die ein Kind im Krieg verloren haben.) Sie liebt ihre Söhne Kristoffer und Kyle. Der ältere Sohn, Hauptfeldwebel Kristoffer Domeij, war Mitglied einer Elitetruppe der US-Armee und ist bei seinem vierzehnten Sondereinsatz in Afghanistan gefallen. Scoti hilft alleinerziehenden Eltern, ihren Schmerz zu verarbeiten und ein neues Leben zu beginnen. Sie bloggt auf www.scotidomeij.wordpress.com.

Dale L. Dragomir ist seit über dreißig Jahren Pastor. Er hat seinen Abschluss am *Asbury Theological Seminary* gemacht und ist momentan in der *Wilmore Christian Church* in Kentucky tätig.

Annette M. Eckart, Gründerin von *Bridge for Peace*, www.bridgefor peace.org, leitet weltweit Missionsteams und predigt bei internationalen Konferenzen. Sie ermutigt Menschen, Gottes Wort anzuwenden und Erfahrungen zu machen, die Jesus Christus verherrlichen.

George Ferrer verwaltet katholische Friedhöfe und lebt auf Long Island in New York. Seit dreißig Jahren unterrichtet er in der Sonntagsschule für Erwachsene und engagiert sich ehrenamtlich in vielen Bereichen der christlichen Ausbildung.

G. L. Francis ist Schriftstellerin, Künstlerin und eine »Grete-Dampf-in-allen-Gassen« im Mittleren Westen der USA.

Joyce Gatton erhielt 1969 den begehrten Schauspiel-Preis *Best Actress of Washington Highschool*. Sie liebt ihre Enkel, arbeitet gern mit ihrem Mann Stan zusammen und leitet den Dienst *Soul Sisters' Ministry* in ihrer Gemeinde in Kansas City, Kansas.

Judy Hampton ist Autorin und eine beliebte Sprecherin bei Konferenzen. Ihr Zeugnis wurde mehrere Male in der Radiosendung *Focus on the Family* gesendet. Sie verfasste drei Bücher und Hunderte von Artikeln.

Bob Haslam ist Pastor, Missionar und Herausgeber. Zurzeit bringt er sich in verschiedenen christlichen Diensten ein; unter anderem lehrt er, wie man Veröffentlichungen verfasst.

Christine Henderson ist tagsüber Maklerin und nachts Schriftstellerin. Ihre lebensnahen Geschichten über Familienthemen wurden in verschiedenen Zusammenstellungen veröffentlicht. Beiträge von ihr findet man außerdem in: *Ruminate Magazine, The Secret Place* und *Berry Blue Haiku*.

Linda Howton war im ersten Schuljahr in einer Dorfschule mit nur zwei Klassen in *Table Rock* in Oregon. Jetzt ist sie in Rente und lebt in Kansas, wo sie mit ihrem Mann David und drei Katzen immer noch das Landleben genießt.

Walter B. Huckaby war als Luftfahrtelektroniker in der US-Marine tätig und arbeitete in örtlichen Gemeinden als Pastor und Ausbildungsleiter. Achtzehn Jahre lang unterrichtete er auch an Privatschulen.

P. R. Jaramillo hat einen Master in Lebensberatung. Sie hat Selbsthilfebücher verfasst und leitet Workshops zur Heilung nach persönlichem Verlust. Ihr jüngstes Buch ist eine historische Übersicht über den amerikanischen Südwesten.

Cheryl Christensen Johnston schreibt anregende Geschichten aus dem Leben. Sie lebt in Florida und ist Präsidentin von *Brandon Christian Writers* und Leiterin der christlichen Ausbildung in der *Plant City Church of God*.

Sheryl K. Jones war mit ihrem Mann im Missionsdienst in Kamerun. Heute ist sie Pastorenfrau, Mutter von fünf Kindern und arbeitet als Sprachtherapeutin.

Delores Christian Liesner ist Schriftstellerin und Rednerin und dient Gott als Mädchen für alles. Delores führt ihr Leben leidenschaftlich als Großmutter des 21. Jahrhunderts. Ihr Blog heißt *Be The Miracle!* auf Deloresliesner.com. Sie ist auch per E-Mail erreichbar: delores7faith@yahoo.com.

Susan A. J. Lyttek, Autorin des Kriminalromans *Homeschooling Can Be Murder* und des bald erscheinenden Buches *Killer Field Trip,* schreibt am frühen Morgen, bevor sie Hausunterricht gibt, und berät junge Schriftsteller. Sie lebt mit ihrem Mann Gary, mit dem sie seit 1983 verheiratet ist, in der Nähe der amerikanischen Hauptstadt.

John C. Mannonc war drei Mal für den *Pushcart*-Preis nominiert und hat in *The Baltimore Review*, *Tipton Poetry Journal* und *The Pedestal* veröffentlicht. Er unterrichtet Physik an einem College in

Tennessee. Besuchen Sie *The Art of Poetry* auf http://jcmannone.wordpress.com.

Alice M. McGhee lebt mit ihrem Mann Ken und dem Hund Precious in Colorado. Sie hat das Buch *Peace in the Midst of Pain* veröffentlicht und Beiträge für zahlreiche Andachtsbücher geschrieben.

Martha Nelson ist Dichterin, Songwriterin, Schlagzeugerin, ist seit vierundsechzig Jahren verheiratet und ist Mutter und Großmutter. Sie hat in ihrem Leben viele wunderbare Taten Gottes gesehen.

Judy Parrott schreibt christliche Sachbücher. Sie ist verwitwet und hat drei Söhne, acht Enkel und fünf Urenkel. Sie hat als Krankenschwester gearbeitet und hat eine zweijährige theologische Ausbildung absolviert.

Carolyn D. Poindexter ist freiberufliche Autorin und Amateurfotografin. Am Tag arbeitet sie in der Kirchenverwaltung, in der Nacht gilt ihre Leidenschaft ihrem ersten Manuskript, *When It's Time to Say Good-Bye*. Es handelt von der seelischen Heilung nach dem Tod ihres einzigen Sohnes, der an Krebs starb.

Trish Propson ist Eigentümerin von *Cornerstone Communications Company* (www.cornerstonecomm.org) und leitet das Programm *Rekenekt*, das der Wiederherstellung von Familien dient. Sie hat eine Jüngerschaftsschulung für Mütter und Töchter erstellt, *Raising Little Women of God*.

Marty Prudhomme ist freiberufliche Autorin, schreibt seit zwanzig Jahren Bibelstudienhilfen und gibt Bibelunterricht. Sie ist in Louisiana Vizepräsidentin des Leitertrainings für *Aglow International*.

Janice Rice ist zusammen mit ihrem Mann und vier Kindern im Pastorendienst in Oregon. Lobpreisleitung und Mission sind ihr ein großes Anliegen. Zu ihren Hobbys gehören Langstreckenlauf und Schreiben.

M. Jeanette Sharp ist Autorin und hat schon viel veröffentlicht. Ihr jüngstes Buch ist eine Biografie: *The Paint Man: My Life in Living*

Color. Sie lebt mit ihrem Mann Jim und der Katze Maggie Sue in Edmond in Oklahoma.

Kelly J. Stigliano ist seit mehr als fünfundzwanzig Jahren als Autorin und Rednerin unterwegs. Sie und ihr Mann Jerry genießen das Leben in Orange Park in Florida. Mehr erfahren Sie auf www. kellystigliano.com.

Margaret Ann Stimatz arbeitet als Therapeutin für psychisch Kranke in Helena in Montana.

Delores E. Topliff lebt in der Nähe von Minneapolis. Sie liebt Jesus, die Familie, die Enkelkinder, Schreiben, Unterrichten am College, Missionseinsätze, Reisen und ihren neuen Bauernhof mit Apfelbäumen und Kühen.

Deb Wuethrich ist fest angestellte Journalistin für *The Tecumseh Herald* in Tecumseh in Michigan. 2003 erhielt sie den *Amy Award of Outstanding Merit*. Sie hat in mehreren Sammelbänden veröffentlicht.

Martin Ziegner ist seit über vierzig Jahren Zahnarzt in einem westlichen Vorort von Chicago in Illinois. Er hat zwei erwachsene Kinder, drei Dackel und einen Papagei.

James Stuart Bell

Der Engel kam barfuß
Erstaunliche Begegnungen zwischen Himmel
und Erde

Gebunden, 13,5 x 20,5 cm, 224 Seiten
Nr. 395.476, ISBN 978-3-7751-5476-5

Connie wird vor dem Ertrinken gerettet – von einem Mann, den
keiner gesehen hat. Ein Engel? 40 gewöhnliche Christen erzählen
ihre ungewöhnlichen Erfahrungen mit Wundern, Engeln und gött-
licher Bewahrung. Die authentischen Geschichten machen Mut, auf
Gottes Hilfe zu vertrauen.

Robert Lesslie

Engel der Notaufnahme
Ärzte kämpfen um das Leben

Gebunden, 14 x 21,5 cm, 288 Seiten
Nr. 395.586, ISBN 978-3-7751-5586-1

Die Notaufnahme des Krankenhauses von Rock Hill. Hier trifft man
auf ganz unterschiedliche Menschen und Situationen. Alltag und
Wunder, Leben und Tod liegen eng beieinander. Dr. Lesslie erzählt
skurrile, spannende, amüsante und berührende Geschichten.

Bitte fragen Sie in Ihrer Buchhandlung nach diesen Büchern!
Oder schreiben Sie an: SCM Verlag, D-71087 Holzgerlingen;
E-Mail: info@scm-verlag.de; Internet: www.scmedien.de

Todd Burpo, Lynn Vincent

Den Himmel gibt's echt
Die erstaunlichen Erlebnisse eines Jungen
zwischen Leben und Tod

Gebunden, 13,5 x 20,5 cm, 160 Seiten
Nr. 395.278, ISBN 978-3-7751-5278-5

Auch als Hörbuch erhältlich, 4 CDs,
Nr. 395.394, ISBN 978-3-7751-5394-2

Colton ist vier Jahre alt, als er lebensgefährlich erkrankt und operiert
werden muss. Dass er überlebt, ist ein Wunder. Später erzählt er seinen Eltern, einem Pastorenehepaar, von erstaunlichen Dingen, die er
während dieser Zeit zwischen Leben und Tod gesehen hat.

Den Himmel gibt's echt – Das Buch zum Weiterdenken
Gebunden, 13,5 x 20,5 cm, 208 Seiten
Nr. 395.430, ISBN 978-3-7751-5430-7

Den Himmel gibt's echt – Gesprächsimpulse
Paperback, 13,5 x 20,5 cm, 112 Seiten
Nr. 395.460, ISBN 978-3-7751-5460-4

Den Himmel gibt's echt – Interview
DVD, 90 Minuten, FSK Infoprogramm
Nr. 210.248, €D 12,95*

Bitte fragen Sie in Ihrer Buchhandlung nach diesen Titeln!
Oder schreiben Sie an: SCM Verlag, D-71087 Holzgerlingen;
E-Mail: info@scm-verlag.de; Internet: www.scmedien.de